# Zu diesem Buch

*Haben Sie den Mut, das Buch zu lesen?*

*Haben Sie den Mut, in einer einzigen, blendenden Offenbarung den Grund dafür zu erfahren, warum Schulen keine Weisheit spenden, Regierungen die Ordnung nicht aufrechterhalten können, Gerichte keine Gerechtigkeit walten lassen, warum Wohlstand noch lange nicht glücklich macht, utopische Pläne niemals das Land Utopia schaffen können?*

*Fassen Sie keinen voreiligen Entschluß. Die Entscheidung, das Buch zu lesen, ist unwiderruflich. Wenn Sie es lesen, werden Sie nie wieder Ihren gegenwärtigen Zustand gesegneter Unwissenheit zurückgewinnen. Sie werden nie wieder gedankenlos Vorgesetzte verehren oder Untergebene beherrschen können. Niemals mehr! Einmal gehört, kann man das Peter-Prinzip nie wieder vergessen.*

*Was aber können Sie durch die Lektüre gewinnen? Indem Sie die Unfähigkeit in sich selbst überwinden und die Unfähigkeit anderer verstehen, können Sie Ihre eigene Arbeit leichter bewältigen, im Beruf vorwärtskommen und mehr Geld verdienen. Sie können schmerzhafte Krankheiten vermeiden. Sie können eine Führerpersönlichkeit werden. Sie können Ihre Muße genießen. Sie können Ihre Freunde erfreuen und Ihre Feinde verwirren, Ihre Kinder beeindrucken und Ihre Ehe bereichern und neu beleben.*

*Kurz – diese Kenntnis wird Ihr Leben revolutionieren, vielleicht sogar retten.*

*Wenn Sie also den Mut aufbringen, lesen Sie weiter, beachten, lernen und nutzen Sie das Peter-Prinzip.*

*«Frankfurter Allgemeine Zeitung»: «Laurence J. Peter und Raymond Hull haben die Hierarchologie, die Lehre von Aufbau und Gesetzlichkeit der betrieblichen und sozialen Hierarchien, entdeckt und zum Gegenstand zukunftsweisender wissenschaftlicher Betrachtungen gemacht. Der besondere Reiz dieses Buches liegt – wie bei jeder guten Satire – in der nahtlosen Verschmelzung von Ironie und Wahrheit.»*

*«Der Spiegel», Hamburg: «Das Peter-Prinzip – ein neues satirisch-soziologisches Fundamentalgesetz!»*

*Dr. Laurence J. Peter, 1919 in Vancouver/Kanada geboren; Studium der Pädagogik an der Washingtoner State University; Tätigkeit als Lehrer, Erziehungs- und Sozialberater, Schulpsychologe, Gefängnislehrer und Universitätsprofessor; Veröffentlichung zahlreicher Artikel in Fachzeitschriften; Erfinder des «Peter-Prinzips» und des «Peter-Programms», das im Januar 1973 im Rowohlt Verlag erschien; zur Zeit Associate Professor of Education und Director des Evelyn Frieden Center for Presceptive Teaching.*

*Raymond Hull, 1919 als Sohn eines Methodistenpfarrers in Shaftesbury/England geboren; unter anderem Fabrikinspektor, Stenotypist, Tellerwäscher, Kellner und Steward; 1957 Beginn einer erfolgreichen Karriere als Bühnenautor; vielbeschäftigter Fernsehproduzent und Bühnenverleger; schreibt für Magazine wie «Punch», «Macleans» und «Esquire»; regte Prof. Peter zur Niederschrift seines Prinzips an und war maßgeblich an dieser beteiligt; lebt seit 1947 in British Columbia/Kanada.*

Laurence J. Peter & Raymond Hull

# Das Peter-Prinzip

oder

Die Hierarchie der Unfähigen

rororo

Rowohlt

*Die Originalausgabe erschien bei William Morrow and Company, Inc., New York, unter dem Titel «The Peter Principle»*
*Aus dem Amerikanischen übertragen von* Michael Jungblut
*Umschlagentwurf Werner Rebhuhn*

| | |
|---|---|
| 1.–30. Tausend | November 1972 |
| 31.–43. Tausend | Februar 1973 |

*Ungekürzte Ausgabe*
*Veröffentlicht im Rowohlt Taschenbuch Verlag GmbH, Reinbek bei Hamburg, November 1972*

*Satz Aldus (Linofilm-Super-Quick)*
*Gesamtherstellung Clausen & Bosse, Leck/Schleswig*
*Printed in Germany*
*ISBN 3 499 16793 X*

*Dieses Buch ist all denen gewidmet, die auf ihrer Stufe der Unfähigkeit arbeiten, spielen, lieben, leben und sterben und damit das Forschungsmaterial für Entstehung und Entwicklung der Hierarchologie, der rettenden Wissenschaft, bereitstellten.*

*Sie retteten andere,*
*sich selbst konnten sie nicht helfen.*

# Inhalt

# Einführung von Raymond Hull

Als Autor und Journalist hatte ich stets ausgezeichnete Möglichkeiten, die Errungenschaften der zivilisierten Gesellschaft zu studieren. Ich habe manche Untersuchung angestellt und über die Regierung, die Industrie, das Geschäftsleben, das Erziehungswesen und die Kunst geschrieben. Ich habe mich mit den Angehörigen der verschiedensten Gewerbe und Berufe unterhalten und dabei ihre Ansichten sorgfältig zur Kenntnis genommen. Es waren Menschen in hohen, mittleren und niedrigen Positionen.

Dabei stellte ich fest, daß – von wenigen Ausnahmen abgesehen – alle zum Pfuschen neigen. Überall sehe ich Unfähigkeit um sich greifen, Inkompetenz triumphieren.

Ich sah eine Autobahnbrücke von über einem Kilometer Länge zusammenbrechen und in die See fallen, weil trotz aller Berechnungen und Kontrollen jemand die Konstruktion eines Stützpfeilers verpfuscht hatte.*

Ich habe Städteplaner gesehen, unter deren Leitung eine Wohnsiedlung in das Überschwemmungsgebiet eines großen Flusses hineinwuchs, wo sie mit Sicherheit periodisch überflutet werden wird.

Kürzlich las ich vom Zusammenbruch dreier gigantischer Kühltürme eines englischen Kraftwerkes. Jeder von ihnen hatte eine Million Dollar gekostet, aber sie waren nicht stabil genug, um einem anständigen Windstoß standzuhalten.

Ich habe mit Interesse notiert, daß man erst nach Fertigstellung der großen Baseball-Halle in Houston, Texas, herausfand, daß sie für Baseball denkbar ungeeignet ist. An schönen Tagen können nämlich die Spieler hochfliegende Bälle nicht gegen das grelle Oberlicht erkennen.

Ich beobachte, daß Gerätehersteller ganz selbstverständlich überall im Lande Reparaturwerkstätten errichten, weil sie – durch Erfahrung gewitzigt – davon ausgehen, daß viele ihrer Maschinen noch während der Garantiezeit kaputtgehen.

Nachdem ich den Beschwerden zahlloser Autofahrer über Mängel an ihren neuen Autos gelauscht hatte, war ich nicht mehr weiter erstaunt, als ich erfuhr, daß man grob gerechnet bei etwa einem Fünftel aller Autos, die in den vergangenen Jahren von führenden Automobilfirmen hergestellt wurden, gefährliche Produktionsfehler entdeckt hatte.

* Nur wenige Stunden nachdem während eines Festaktes in Anwesenheit des österreichischen Bau-Ministers am 6. November 1969 die vierte Wiener Donaubrücke durch Einsetzen des letzten Brückenteiles geschlossen worden war, knickten zwei der Hauptträger unter ohrenbetäubendem Lärm ein. Die Brückenverkleidung riß. Da man befürchtete, daß das ganze, mit einem Aufwand von über 30 Millionen Mark errichtete Bauwerk in den Strom stürzen würde, mußten der Schiffsverkehr und der Betrieb der Donau-Uferbahn eingestellt werden. (Anm. d. Ü.)

Bitte nehmen Sie jetzt nicht an, ich sei ein stockkonservativer, scheelsüchtiger Mensch, der die modernen Menschen und ihre Werke verachtet, nur weil sie eben modern sind. Unfähigkeit kennt keine Grenzen – weder im Raum noch in der Zeit.

Macaulay zeichnet das Bild der britischen Marine im Jahre 1684, gestützt auf einen Bericht von Samuel Pepys, so: «Die britische Marineverwaltung war ein Ungeheuer an Verschwendungssucht, Korruption, Unfähigkeit und Trägheit ... auf keine Schätzung konnte man sich verlassen ... Kein Vertrag wurde erfüllt ... keine Kontrolle wurde durchgeführt ... Einige der neuen Schlachtschiffe waren so morsch, daß sie nur durch eilige Reparaturen davor bewahrt werden konnten, an ihren Ankerplätzen unterzugehen. Die Matrosen erhielten ihren Sold so unregelmäßig, daß sie froh waren, wenn sie einen Wucherer fanden, der ihre Pfandscheine mit vierzig Prozent Abschlag ankaufte. Die meisten Schiffe, die in Dienst standen, wurden von Offizieren kommandiert, die nicht für die See geboren waren.»

Als Wellington die Liste der Offiziere prüfte, die ihm 1810 für den Feldzug in Portugal zugeteilt worden waren, rief er: «Ich hoffe, daß der Feind angesichts dieser Namen genauso zittert wie ich.»

Richard Taylor, General im amerikanischen Bürgerkrieg, stellte, als er eine Schlacht schilderte, fest: «Die Offiziere der Konföderation wußten über die Topographie ... der Umgebung der Stadt Richmond im Bereich eines Tagesmarsches nicht mehr als über die von Zentralafrika.»

Robert E. Lee beschwerte sich einmal bitter darüber, daß er nicht erreichen konnte, daß seine Befehle ausgeführt wurden.

Fast während des ganzen Zweiten Weltkriegs kämpften die britischen Soldaten mit Sprengstoffen, die den jeweils vergleichbaren deutschen Bomben und Granaten weit unterlegen waren. Bereits seit Anfang 1940 wußten englische Wissenschaftler, daß durch bloßes Hinzufügen von etwas pulverisiertem Aluminium die Sprengkraft der verwendeten Explosionsstoffe auf einfache, billige Weise verdoppelt werden konnte. Doch diese Erkenntnis wurde erst 1943 angewandt.

Während desselben Krieges überprüfte der australische Kommandant eines Lazarettschiffes nach einer Überholung die Wassertanks und stellte fest, daß sie innen mit roter Bleifarbe gestrichen worden waren. Damit hätte man die ganze Besatzung vergiften können.

All dies – und Hunderte ähnlicher Fälle – habe ich beobachtet, gelesen und gehört. Ich habe die Allgegenwart der Unfähigkeit akzeptiert.

Ich wundere mich nicht mehr, wenn eine Mondrakete den Boden nicht verläßt, weil man irgend etwas vergessen hat, irgend etwas bricht, irgend etwas nicht funktioniert oder irgend etwas vorzeitig explodiert.

Ich bin nicht mehr weiter überrascht, wenn ich erfahre, daß ein von der Regierung beschäftigter Eheberater homosexuell ist.

Ich gehe mittlerweile davon aus, daß Politiker sich als unfähig erweisen, ihre Wahlversprechen zu erfüllen. Ich nehme an, daß sie, wenn sie überhaupt etwas tun, wahrscheinlich die Versprechen ihrer Opponenten einlösen.

Diese Unfähigkeit wäre schon ärgerlich genug, wenn sie auf öffentliche Arbeiten, auf die Politik, Raumfahrt und andere etwas entfernt liegende große Gebiete menschlichen Bemühens beschränkt wäre. Doch das ist sie nicht. Unfähigkeit ist eine naheliegende, überall und jederzeit gegenwärtige, alles verpestende Plage.

Während ich diese Seite schreibe, telefoniert die Bewohnerin des benachbarten Apartments. Ich kann jedes ihrer Worte verstehen. Es ist zehn Uhr abends, und der Bewohner des Zimmers auf der anderen Seite hat sich wegen einer Erkältung früh ins Bett gelegt. Ich höre seine periodischen Hustenanfälle. Wenn er sich im Bett umdreht, höre ich die Federn quietschen. Ich lebe nicht etwa in einen schäbigen Mietshaus, sondern in einem teuren, modernen, aus Beton errichteten Wohnblock. Was ist mit den Leuten los, die ihn entworfen und gebaut haben?

Kürzlich kaufte sich einer meiner Freunde eine Stichsäge und begann zu Hause damit, einen Eisenbolzen zu zerschneiden. Schon beim zweiten Schnitt zersprang das Sägeblatt und die verstellbare Halterung am Rahmen brach, so daß die Säge unbrauchbar war.

In der vergangenen Woche wollte ich auf der Bühne eines neuen High School-Hörsaals ein Tonbandgerät benutzen. Ich konnte aber keinen Strom für das Gerät bekommen. Der Hausmeister sagte mir, daß es ihm im Verlauf eines Jahres trotz aller Bemühungen nicht gelungen sei, einen Schalter zu finden, mit dessen Hilfe er die Steckdosen auf der Bühne unter Strom setzen konnte. Inzwischen zweifelte er daran, daß sie überhaupt ans Netz angeschlossen waren.

Heute morgen machte ich mich auf den Weg, um eine Tischlampe zu kaufen. In einem großen Möbel- und Einrichtungsgeschäft fand ich eine Lampe, die mir gefiel. Der Verkäufer wollte sie schon einpacken, aber ich bat ihn, sie vorher auszuprobieren (inzwischen bin ich nämlich vorsichtig geworden). Er war offensichtlich nicht daran gewöhnt, elektrische Geräte zu prüfen, denn er brauchte einige Zeit, ehe er einen Stecker fand. Schließlich stöpselte er die Lampe ein, konnte sie aber nicht einschalten. Er versuchte es mit einer anderen Lampe der gleichen Art – sie ließ sich ebenfalls nicht einschalten. Die ganze Serie hatte defekte Schalter. Ich verließ das Geschäft.

Vor einiger Zeit bestellte ich sechzig Quadratmeter Isoliermatten aus Fiberglas für ein Landhäuschen, das ich renovieren wollte. Ich achtete darauf, daß die Verkäuferin, bei der ich die Bestellung aufgab, auch wirklich die richtige Menge aufschrieb. Vergebens! Die Baumaterialhandlung schickte mir eine Rechnung über siebzig Quadratmeter und lieferte neunzig.

Erziehung, oft gepriesen als Allheilmittel gegen alle Übel, versagt offensichtlich bei der Beseitigung von Unfähigkeit. Jeder dritte High School-Absolvent kann nicht einmal richtig lesen. In Colleges ist es heute allgemein üblich, Leseübungen für Studienanfänger abzuhalten. In einigen Colleges können zwanzig Prozent der jungen Studenten nicht gut genug lesen, um ihre Lehrbücher zu verstehen.

Ich erhielt regelmäßig Post von einer großen Universität. Vor fünfzehn Monaten hat sich meine Adresse geändert. Ich schickte der Universität die übliche Mitteilung – die Briefe gingen weiter an die alte Adresse. Nach zwei weiteren Mitteilungen und einem Anruf ging ich persönlich hin. Ich wies mit dem Finger auf die falsche Anschrift in ihrer Liste, diktierte die neue Adresse und beobachtete, wie eine Schreibkraft sie eintrug. Die Post ging weiter an die alte Adresse. Vor zwei Tagen ergab sich eine neue Situation. Die Mieterin, die nach mir in die alte Wohnung eingezogen war und meine Post von der Universität erhalten hatte, rief mich an. Sie war inzwischen wieder umgezogen, und meine Briefe gingen nun an *ihre* neue Adresse.

Wie ich schon sagte – ich hatte angesichts der allgegenwärtigen Unfähigkeit längst resigniert. Dennoch glaubte ich daran, daß es ein Heilmittel geben müßte, sofern es nur gelänge, die Ursache der Unfähigkeit zu entdecken. Ich begann mich umzuhören.

Erklärungen gab es genug.

Ein Bankier suchte die Schuld bei den Schulen: «Die Gören lernen heute nicht mehr, wie man anständig arbeitet.»

Ein Lehrer tadelte die Politiker: «Bei soviel Unfähigkeit an der Spitze der Regierung – was können Sie da schon vom gewöhnlichen Bürger erwarten? Im übrigen stemmen sie sich gegen unsere berechtigten Forderungen nach angemessenen Ausgaben für das Erziehungswesen. Wenn wir wenigstens in jeder Schule einen Computer hätten ...»

Ein Atheist beschuldigte die Kirchen: « ... betäuben den Geist der Menschen mit Märchen von einer besseren Welt und lenken sie von den praktischen Problemen ab.»

Ein Kirchenmann klagte Radio, Fernsehen und Kino an: « ... die vielen Zerstreuungen des modernen Lebens haben die Menschen den moralischen Lehren der Kirche entfremdet.»

Ein Gewerkschaftler machte die Manager verantwortlich: « ... zu habgierig, um auskömmliche Löhne zu zahlen. Kein Arbeiter kann bei diesen Hungerlöhnen Interesse für seine Arbeit aufbringen.»

Ein Manager schob alle Schuld auf die Gewerkschaften: «Dem Arbeiter ist heute alles gleichgültig – er denkt an nichts anderes als an Lohnerhöhungen, Urlaub und Ruhestandsbezüge.»

Ein Individualist behauptete, daß der Wohlfahrtsstaat eine allgemeine Gleichgültigkeit verursache. Ein Sozialhelfer sagte mir, daß die moralische Laxheit zu Hause und der Zusammenbruch der Familie zu mangelndem Verantwortungsgefühl gegenüber der Arbeit führen. Ein Psychologe dozierte, daß die frühe Unterdrückung sexueller Regungen ein unbewußtes Verlangen hervorrufe, im Leben zu versagen, um damit Schuldgefühle abzureagieren. Ein Philosoph deklamierte: «Wir sind eben alle nur Menschen, da muß es Unfälle geben.»

Eine Unzahl verschiedener Erklärungen ist nicht besser als gar keine Erklärung. In mir wuchs das unangenehme Gefühl, daß ich das Phänomen der Unfähigkeit niemals begreifen würde.

Eines Abends schließlich grübelte ich im Foyer während der zweiten Pause eines fade dargebotenen Stückes über unfähige Schauspieler und Regisseure nach und kam dabei mit Dr. Laurence J. Peter ins Gespräch, einem Wissenschaftler, der sich viele Jahre dem Studium der Unfähigkeit gewidmet hatte.

Die Pause war so kurz, daß er nicht mehr tun konnte, als meine Neugier zu wecken. Nach der Vorstellung besuchte ich ihn jedoch zu Hause und lauschte bis drei Uhr morgens seiner klaren und aufregend originellen Darstellung einer Theorie, die endlich meine Frage beantwortete: Warum Unfähigkeit, warum Inkompetenz?

Dr. Peter entlastete Adam, Agitatoren und den Zufall und prangerte eine Eigenheit unserer Gesellschaft als die alleinige Antriebskraft der Unfähigkeit an.

Die Unfähigkeit, die Inkompetenz entschlüsselt! Mir wurde ganz warm bei dem Gedanken. Die nächste Stufe wäre vielleicht die Beseitigung der Unfähigkeit.

Mit seiner charakteristischen Bescheidenheit hatte es Dr. Peter bisher dabei bewenden lassen, seine Entdeckung mit einigen Freunden und Kollegen zu diskutieren und gelegentlich einmal eine Vorlesung über seine Forschungsarbeiten zu halten. Seine gewaltige Sammlung von Incompetentia, seine brillante Übersicht über die Inkompetenz-Theorien und Formeln waren jedoch nie im Druck erschienen.

«Möglicherweise würde mein Prinzip der Menschheit helfen», sagte Dr. Peter, «aber ich bin so entsetzlich mit den üblichen Unterrichtsverpflichtungen und dem damit verbundenen Papierkrieg beschäftigt. Dann gibt es noch die Sitzungen der Fakultäts-Komitees und meine laufende Forschungstätigkeit. Irgendwann werde ich das Material wohl ordnen und für eine Veröffentlichung vorbereiten, aber in den nächsten zehn bis fünfzehn Jahren werde ich dafür einfach keine Zeit haben!»

Ich wies nachdrücklich auf die Gefahren dieser Verzögerung hin, und schließlich war Dr. Peter zu einer Zusammenarbeit bereit: Er erklärte sich einverstanden, mir seine ausführlichen Forschungsberichte und sein umfangreiches Manuskript zur Verfügung zu stellen. Ich wollte alles zu einem Buch verarbeiten. Die folgenden Seiten geben nun also Professor Peters Erläuterung seines Prinzips wieder – der tiefgründigsten sozialen und psychologischen Entdeckung des Jahrhunderts.

Haben Sie den Mut, das Buch zu lesen?

Haben Sie den Mut, in einer einzigen, blendenden Offenbarung den Grund dafür zu erfahren, warum Schulen keine Weisheit spenden, Regierungen die Ordnung nicht aufrechterhalten können, Gerichte keine Gerechtigkeit walten lassen, warum Wohlstand noch lange nicht glücklich macht, utopische Pläne niemals das Land Utopia schaffen können?

Fassen Sie keinen voreiligen Entschluß. Die Entscheidung, das Buch zu lesen, ist unwiderruflich. Wenn Sie es lesen, werden Sie nie wieder Ihren gegenwärtigen Zustand gesegneter Unwissenheit zurückgewinnen. Sie werden nie wieder gedankenlos Vorgesetzte verehren oder Untergebene beherrschen können. Niemals mehr! Einmal gehört, kann man das Peter-Prinzip nie wieder vergessen.

Was aber können Sie durch die Lektüre gewinnen? Indem Sie die Unfähigkeit in sich selbst überwinden und die Unfähigkeit anderer verstehen, können Sie Ihre eigene Arbeit leichter bewältigen, im Beruf vorwärtskommen und mehr Geld verdienen. Sie können schmerzhafte Krankheiten vermeiden. Sie können eine Führerpersönlichkeit werden. Sie können Ihre Muße genießen. Sie können Ihre Freunde erfreuen und Ihre Feinde verwirren, Ihre Kinder beeindrucken und Ihre Ehe bereichern und neu beleben.

Kurz – diese Kenntnis wird Ihr Leben revolutionieren, vielleicht sogar retten.

Wenn Sie also den Mut aufbringen, lesen Sie weiter, beachten, lernen und nutzen Sie das Peter-Prinzip.

# I. Das Peter-Prinzip

Ich glaube, ich rieche eine Ratte.
*Cervantes*

Als kleiner Junge hörte ich, daß hochgestellte Persönlichkeiten stets genau wissen, was sie tun. «Peter», sagte man mir, «je mehr du weißt, um so mehr erreichst du.» Also blieb ich auf der Schule bis zum College-Examen, und als ich ins Berufsleben trat, klammerte ich mich krampfhaft an jene Vorstellung und meine frische Lehrbefugnis. Während meines ersten Unterrichtsjahres regte ich mich darüber auf, daß eine Anzahl Lehrer, Schuldirektoren, Schulräte und Oberschulräte keine Ahnung von ihren beruflichen Pflichten zu haben schienen und sich als unfähig erwiesen, ihre Aufgaben zu erfüllen. So war es beispielsweise die Hauptsorge meines Direktors, daß alle Sonnenblenden an den Fenstern in gleicher Höhe waren, daß in den Klassenräumen Ruhe herrschte und daß niemand die Rosenbeete betrat oder auch nur in ihre Nähe kam. Das Hauptinteresse des Oberschulrats war, daß keine Minoritätengruppe, wie fanatisch sie sich auch gebärdete, jemals beleidigt wurde und daß alle amtlichen Formulare rechtzeitig ausgefüllt wurden. Die Erziehung der Kinder interessierte den Verwaltungsmann nur am Rande.

Anfänglich nahm ich an, daß dies eine spezielle Schwäche jeder Schulbehörde war, in deren Bereich ich unterrichtete, und bewarb mich deshalb um die Anstellung in einer anderen Gegend. Ich füllte die entsprechenden Formulare aus, fügte die erforderlichen Dokumente bei und erfüllte bereitwillig alle Forderungen der Bürokratie. Einige Wochen später kam meine Bewerbung mit sämtlichen Dokumenten zurück.

Nein – mit meinen Unterlagen war alles in Ordnung; die Formulare waren korrekt ausgefüllt; ein offizieller Eingangsstempel zeigte, daß sie alle in ordnungsgemäßem Zustand eingetroffen waren. In einem Begleitschreiben aber hieß es: «Nach den neuen Bestimmungen dürfen solche Anträge von der Erziehungsbehörde nur dann angenommen werden, wenn sie bei der Post als Einschreiben registriert sind, weil nur so eine sichere Übermittlung gewährleistet werden kann. Wir bitten Sie deshalb, die Unterlagen der Behörde erneut einzureichen und dieses Mal darauf zu achten, daß der Brief eingeschrieben abgeht.»

Mir kam der Verdacht, daß meine Schulbehörde in puncto Unfähigkeit kein Monopolbetrieb war.

Als ich mich weiter umsah, stellte ich fest, daß es in jeder Organisation eine Anzahl Menschen gab, die unfähig waren, ihrer Arbeit gerecht zu werden.

*Ein universales Phänomen*

Berufliche Unfähigkeit gibt es überall. Haben Sie es schon bemerkt? Wahrscheinlich haben wir alle das schon festgestellt.

Wir sehen wankelmütige Politiker, die sich in der Pose des entschlossenen Staatsmannes gefallen, und die «amtliche Quelle», die für ihre falschen Informationen die «gegebenen Unwägbarkeiten» verantwortlich macht. Zahllos sind die Angestellten der öffentlichen Hand, die frech und träge sind; die militärischen Befehlshaber, deren feiges Benehmen ihr Geschwätz von Heldentaten Lügen straft; die Gouverneure, deren angeborene Servilität sie hindert, wirklich zu regieren. Wir sind schon so verdorben, daß es für uns den unmoralischen Geistlichen, den korrupten Richter, den inkonsequenten Anwalt, den Autor, der nicht schreiben, und den Englischlehrer, der das Alphabet nicht kann, einfach nicht gibt. An den Universitäten beobachten wir, wie Verlautbarungen von Verwaltungsbeamten autorisiert werden, deren eigene Amtsmitteilungen hoffnungslos verworren sind; wir hören Vorlesungen von Lehrern, die nur murmeln können oder unverständliches Zeug reden.

Nachdem ich so Unfähigkeit auf allen Stufen jeder Hierarchie – ob in der Politik, im Justiz-, im Erziehungswesen oder in der Industrie – beobachtet hatte, stellte ich die Hypothese auf, daß der Grund irgendwo in den Regeln zu suchen sein müsse, nach denen die Beschäftigten auf die verschiedenen Positionen verteilt werden. So begann meine ernsthafte Erforschung des Problems, auf welche Weise Angestellte in den Hierarchien aufsteigen und was mit ihnen nach einer Beförderung geschieht.

Für meine wissenschaftlichen Daten wurden Hunderte von Fall-Studien gesammelt. Hier drei typische Beispiele.

Akte Kommunalverwaltung, Fall Nr. 17. J. S. Minion* war Abteilungsleiter der Behörde für öffentliche Arbeiten der Stadt Excelsior. Er war bei den leitenden Männern der Stadtverwaltung wegen seiner außerordentlichen Freundlichkeit sehr beliebt.

«Ich schätze Minion», sagte der Chef der Behörde. «Er hat ein sicheres Urteil und ist immer freundlich und umgänglich.»

Minions Benehmen war seiner Stellung angemessen. Niemand verlangte von ihm, daß er eine bestimmte Politik vertrat, und deshalb ergaben sich auch keine Reibungspunkte mit seinen Vorgesetzten.

Als der Chef der Behörde in den Ruhestand trat, wurde Minion sein Nachfolger. Minion bemühte sich weiterhin, mit jedermann gut Freund zu sein. Er gab jede Anregung von oben unverzüglich an seine Abteilungsleiter weiter. Daraus ergab sich bald ein allgemeines Durcheinander und eine ständige Revision aller Planungen, was die gesamte Behörde innerhalb kurzer Zeit zur Verzweiflung brachte. Es hagelte Beschwerden von seiten

* Einige Namen wurden geändert, um die Schuldigen zu schützen.

des Bürgermeisters und anderer Würdenträger, von Steuerzahlern und der zuständigen Gewerkschaft.

Doch Minion sagte weiterhin ja und amen zu allem und gab weiterhin jeden Wunsch seiner Vorgesetzten geflissentlich an seine Untergebenen weiter. Dem Titel nach Chef der Behörde, leistete er in Wirklichkeit kaum mehr als die Arbeit eines Büroboten. Die Behörde überschritt regelmäßig ihr Budget, ohne dabei ihr Arbeitsprogramm zu bewältigen. Kurz – Minion, ein ausgezeichneter Abteilungsleiter, wurde zu einem unfähigen Behördenchef.

Akte Dienstleistungsbetriebe, Fall Nr. 3. E. Tinker war als Lehrling der Autoreparaturwerkstatt G. Reece außergewöhnlich eifrig und intelligent und wurde nach kurzer Zeit Geselle. Es zeigte sich bald, daß er ein ungewöhnliches Geschick darin besaß, versteckte Fehlerquellen zu entdecken, und außerordentliche Geduld bei ihrer Beseitigung aufbrachte. Er wurde zum Leiter der Reparaturwerkstatt befördert.

Jetzt aber erwies sich sein Interesse für mechanische Geräte und sein Hang zum Perfektionismus als Schwäche. Er kümmerte sich selber um jede Reparatur, die ihn interessierte, ohne Rücksicht darauf, ob die Werkstatt mit Arbeit überhäuft war. «Wir werden es schon irgendwie schaffen», sagte er und legte das Werkzeug nicht eher aus der Hand, bis er mit seiner Arbeit völlig zufrieden war.

Er fummelte ständig irgendwo herum und war selten an seinem Schreibtisch zu finden. Meistens lag er unter irgendeinem Auto, während der Mann, der eigentlich diese Arbeit tun sollte, mit den Händen in der Tasche deneben stand und zusah. Die übrigen Arbeiter saßen herum und warteten darauf, daß ihnen eine neue Beschäftigung zugeteilt wurde. Kein Wunder, daß die Werkstatt ständig überlastet und in Unordnung war und daß die Termine häufig nicht eingehalten wurden.

Tinker konnte sich nicht vorstellen, daß dem Durchschnittskunden Perfektion herzlich gleichgültig ist – er will sein Auto pünktlich zurückhaben. Er konnte nicht begreifen, daß den meisten seiner Leute die Lohntüte wichtiger war als ein Motor. Tinker kam deshalb weder mit seinen Kunden noch mit seinen Untergebenen zurecht. Er war ein fähiger Mechaniker und wurde zu einem unfähigen Werkstattleiter.

Akte Militär, Fall Nr. 8. Sehen wir uns den Fall des verstorbenen Generals A. Goodwin an. Seine herzliche, unkonventionelle Art, seine urwüchsigen Reden, seine Verachtung kleinlicher Anordnungen und sein unzweifelhafter persönlicher Mut machten ihn zum Idol seiner Männer. Er führte sie zu vielen wohlverdienten Siegen.

Als Goodwin zum Feldmarschall befördert wurde, hatte er es nicht mehr mit einfachen Soldaten, sondern mit Politikern und verbündeten Generalissimi zu tun.

Er wollte sich dem erforderlichen Protokoll nicht anpassen. Die üblichen Höflichkeitsfloskeln und Schmeicheleien gingen ihm nicht von der Zunge. Er stritt sich mit allen Würdenträgern und lag gelegentlich tagelang betrunken und verdrossen in seinem Wohnwagen. Die Leitung des Krieges entglitt seinen Händen und wurde von seinen Untergebenen übernommen. Er war in eine Position erhoben worden, die er nicht ausfüllen konnte.

*Ein wichtiger Hinweis*

Nach einiger Zeit stellte ich fest, daß alle diese Fälle ein gemeinsames Charakteristikum aufwiesen. Alle Beschäftigten waren von einer Position, für die sie die erforderliche Befähigung besaßen, in eine Stellung befördert worden, für die sie ungeeignet waren. Ich erkannte, daß dies früher oder später jedem Angehörigen in jeder Hierarchie widerfahren kann.

Akte Hypothetische Fälle, Fall Nr. 1. Nehmen wir an, Sie besitzen eine Pillenfabrik, die Perfekt-Pillen AG. Ihr leitender Pillendreher stirbt an einem durchbrochenen Magengeschwür, und Sie brauchen einen Nachfolger. Nun sehen Sie sich unter der Schar ihrer einfachen Pillendreher um.

Fräulein Oval, Frau Zylinder, Herr Ellipse und Herr Kubus zeigen alle verschiedene Grade der Unfähigkeit. Da sie für eine Beförderung nicht in Frage kommen, werden Sie, von allen anderen Überlegungen einmal abgesehen, Herrn Kugel zum Oberpillendreher ernennen.

Nehmen wir weiter an, Herr Kugel erweist sich als fähiger Oberpillendreher. Wenn später Ihr Meister, Zäpfchen, zum Produktionschef aufsteigt, wird Kugel vermutlich seinen Platz einnehmen.

Wenn sich dagegen zeigt, daß Kugel ein unfähiger Vorarbeiter ist, wird er nicht weiterbefördert werden. Er hat erreicht, was ich als seine «Stufe der Unfähigkeit, seiner Stufe der Inkompetenz», bezeichnen möchte. Er wird bis zum Ende seines Berufslebens darauf sitzenbleiben.

Manche Arbeiter wie beispielsweise Ellipse oder Kubus erreichen ihre Stufe der Unfähigkeit bereits auf der untersten Ebene und haben niemals Aussicht auf Beförderung. Andere, wie Kugel (von dem wir annehmen wollen, er sei als Vorarbeiter ungeeignet), erreichen sie nach einer einzigen Beförderung.

E. Tinker, der Mann in der Reparaturwerkstatt, erreichte seine Stufe der Unfähigkeit auf der dritten Etage der Hierarchie. General Goodwin erklomm seine Inkompetenz-Position erst an der obersten Spitze der Hierarchie.

So führte mich mein Studium vieler hundert Fälle beruflicher Unfähigkeit zur Formulierung des *Peter-Prinzips*:

## In einer Hierarchie neigt jeder Beschäftigte dazu, bis zu seiner Stufe der Unfähigkeit aufzusteigen

*Eine neue Wissenschaft!*

Nachdem ich das Prinzip formuliert hatte, wurde mir klar, daß ich unversehens eine neue Wissenschaft begründet hatte: die Hierarchologie, das Studium der Hierarchien.

Der Begriff «Hierarchie» wurde ursprünglich geprägt, um ein System kirchlicher Herrschaft zu beschreiben, bei dem Priester entsprechend ihrem Rang eingestuft waren. In der heutigen Bedeutung versteht man darunter jede Organisation, deren Mitglieder oder Beschäftigte nach Rang, Würde oder Klassenzugehörigkeit eingestuft sind.

Hierarchologie, obgleich eine ziemlich junge Wissenschaft, findet offensichtlich ein breites Betätigungsfeld im Bereich der öffentlichen und privaten Verwaltung.

*Das geht auch Sie an!*

Mein Prinzip ist der Schlüssel zum Verständnis aller hierarchischen Systeme und damit gleichzeitig zum Verständnis der gesamten Struktur unserer Zivilisation.

Einige wenige Exzentriker versuchen, sich den Fängen der Hierarchien zu entziehen, doch jeder, der dem Geschäftsleben, der Industrie, der Politik, den Gewerkschaften angehört, den Streitkräften, den Kirchen oder dem Erziehungswesen, ist ihnen ausgeliefert. Sie alle sind dem Peter-Prinzip unterworfen.

Viele von ihnen kommen sicherlich in den Genuß von ein oder zwei Beförderungen und steigen dabei von einer Kompetenzstufe zu einer höheren auf. Die Fähigkeit in der neuen Position qualifiziert sie für einen weiteren Aufstieg. Doch für jedes Individuum, für Sie genauso wie für mich, bedeutet die allerletzte Beförderung den Wechsel von der Stufe der Fähigkeit zu einer Stufe der Unfähigkeit.*

Genügend Zeit und genügend Rangstufen in einer Hierarchie vorausgesetzt, steigt jeder Beschäftigte bis zu seiner Stufe der Inkompetenz auf und verharrt dort. Peters Schlußfolgerung daraus lautet:

*Nach einer gewissen Zeit wird jede Position von einem Mitarbeiter besetzt, der unfähig ist, seine Aufgabe zu erfüllen.*

* Die Phänomene der «geräuschlosen Sublimierung» (oft als «die Treppe hinauffallen» umschrieben) und der «seitlichen Arabeske» sind nicht etwa – wie der ungeschulte Beobachter annehmen könnte – Ausnahmen von diesem Prinzip. Es sind lediglich Pseudo-Beförderungen, mit denen wir uns in Kapitel 3 beschäftigen werden.

*Wer macht die Arbeit?*
Man wird natürlich kaum ein System finden, in dem *jeder* Mitarbeiter seine Stufe der Unfähigkeit bereits erreicht hat. In den meisten Fällen wird immer noch etwas geleistet, um die angeblichen Aufgaben zu erfüllen, für deren Erledigung die Hierarchie existiert.

*Die Arbeit wird von den Mitarbeitern erledigt, die ihre Stufe der Inkompetenz noch nicht erreicht haben.*

# 2. Das angewandte Prinzip

Aus der Schule plaudern.
*J. Heywood*

Die Untersuchung einer typischen Hierarchie, nämlich des Schulsystems der Stadt Excelsior, zeigt, wie das Peter-Prinzip innerhalb des Lehrberufes funktioniert.

Wenn Sie sich diese Beispiele ansehen, werden Sie die Hierarchologie innerhalb jeder etablierten Organisation verstehen.

Fangen wir mit den ganz normalen Klassenlehrern an. Ich möchte sie für diese Untersuchung in drei Gruppen einteilen: befähigt, mäßig befähigt und unfähig.

Aus der Verteilungstheorie, die durch die Praxis bestätigt wird, ergibt sich, daß sich die Lehrer in unterschiedlicher Stärke auf diese Gruppen verteilen: die Mehrzahl ist mäßig befähigt, kleinere Gruppen sind sehr befähigt beziehungsweise völlig unfähig für ihren Beruf. Die Graphik verdeutlicht die Verteilung:

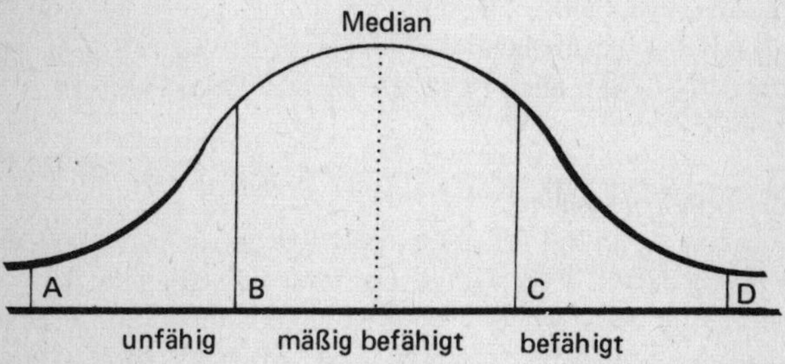


*Der Fall des Konformisten*
Ein unfähiger Lehrer kommt für eine Beförderung nicht in Frage. Dorothea D. Ditto beispielsweise war eine typische Durchschnittsstudentin. Ihre Hausaufgaben waren entweder Plagiate von Lehrbüchern und Zeitschriften oder Nachschriften der Vorlesungen. Sie tat stets genau das, was von ihr verlangt wurde – nicht mehr, nicht weniger. *Sie wurde als fähige Studentin angesehen.* Ihr Abschlußexamen an der Pädagogischen Hochschule von Excelsior bestand sie mit Auszeichnung.

Als Lehrerin unterrichtete sie genauso, wie sie selber unterrichtet worden war. Sie folgte gewissenhaft dem Lehrbuch sowie dem Lehr- und Stundenplan.

Sie erledigte ihre Aufgabe recht gut, geriet aber sofort in Schwierigkeiten, wenn keine Vorschrift und kein Präzedenzfall vorhanden waren. Als einmal ein Wasserrohr platzte und der Boden des Klassenraumes nach kurzer Zeit unter Wasser stand, unterrichtete Miss Ditto seelenruhig weiter, bis der Direktor hereinstürzte und die Kinder rettete.

«Miss Ditto», rief er, «im Namen des Schulrates! Das Wasser steht bereits acht Zentimeter hoch. Warum in aller Welt ist Ihre Klasse noch immer in diesem Raum?»

«Ich habe keine Alarmglocke gehört, obwohl ich, wie Sie wissen, auf solche Dinge sehr sorgfältig achte. Ich bin überzeugt davon, daß Sie sie nicht eingeschaltet hatten.»

Sprachlos angesichts ihrer standhaften Weigerung, ihm zu folgen, besann sich der Direktor auf eine Bestimmung des Schulgesetzes, die ihn ermächtigte, bei außerordentlichen Ereignissen Notanweisungen zu erteilen, und führte die durchnäßten Kinder ins Freie.

Obgleich Miss Ditto niemals gegen eine Regel verstößt oder sich einer Anordnung widersetzt, gerät sie häufig in Schwierigkeiten und wird niemals befördert werden. Obgleich eine fähige Studentin, *hat sie ihre Stufe der Unfähigkeit bereits als Klassenlehrerin erreicht und wird folglich während ihrer gesamten Lehrtätigkeit auf dieser untersten Ebene bleiben.*

*Die brauchbare Mehrheit*

Die meisten jungen Lehrer sind einigermaßen befähigt oder sogar kompetent (vgl. den Bereich von B bis D in der Graphik) und sind deshalb *für eine Beförderung geeignet*. Betrachten wir einen solchen Fall.

*Eine verborgene Schwäche*

N. Beeker war ein fähiger Student und wurde ein beliebter Lehrer für Naturwissenschaften. Sein Unterricht und die Arbeit im Labor waren hochinteressant. Seine Schüler arbeiteten gern mit ihm zusammen und hielten das Labor in Ordnung. Verwaltungsarbeit lag Mr. Beeker dagegen nicht, aber diese Schwäche wurde in den Augen seiner Vorgesetzten durch seinen Erfolg als Lehrer wettgemacht.

Beeker wurde zum Chef des naturwissenschaftlichen Departments ernannt und mußte nun alles wissenschaftliche Arbeitsmaterial für den Unterricht anfordern und umfangreiche Listen führen. *Seine Unfähigkeit hierfür war evident!* Drei Jahre lang bestellte er ständig neue Bunsenbrenner, aber keine Schläuche, um sie anzuschließen. Als die alten unbrauchbar wurden, konnten immer weniger Brenner benutzt werden, obwohl neue Geräte stapelweise in den Schränken lagen.

Beeker kommt für eine weitere Beförderung nicht in Frage. *Seine letzte Position bringt Aufgaben mit sich, für die er unfähig ist.*

*Weiter oben in der Hierarchie*

B. Lunt war ein fähiger Student, Lehrer und Department-Chef und wurde zum stellvertretenden Direktor ernannt. Er fand in dieser Stellung den richtigen Ton im Umgang mit Lehrern, Schülern und Eltern und erwies sich seinen Aufgaben intellektuell gewachsen. Seine weitere Beförderung zum Direktor blieb nicht aus.

Bis dahin hatte er nie direkt mit den Mitgliedern der Schulbehörde oder mit dem für den Distrikt zuständigen Oberschulrat zu tun gehabt. Es zeigte sich bald, daß er nicht über das notwendige Fingerspitzengefühl im Umgang mit höheren Beamten verfügte. *Er ließ den Oberschulrat warten,* um einen Streit zwischen zwei Kindern zu schlichten. Während er einen kranken Lehrer vertrat, *verpaßte er die Sitzung des Lehrplan-Ausschusses, die von dem Schulrat einberufen worden war.*

Er kümmerte sich so intensiv um seine Schule, daß ihm keine Energie mehr für die Mitarbeit in den kommunalen Organisationen blieb. Er lehnte die Angebote ab, Vorsitzender des Programmausschusses im Lehrer-Eltern-Verein, Präsident der Liga zur Verschönerung der Gemeinde und Berater des Komitees für Sauberkeit in der Literatur zu werden.

Seine Schule verlor die Unterstützung der Gemeinde, und er fiel beim Oberschulrat in Ungnade. Es kam so weit, daß Lunt in der Öffentlichkeit und bei seinen Vorgesetzten in den Ruf eines unfähigen Schuldirektors geriet. Als der Posten des Schulrates frei wurde, lehnte es die Schulbehörde ab, ihn Lunt zu geben. Er wird deshalb bis zu seiner Pensionierung ein unglücklicher und unfähiger Direktor bleiben.

Der Autokrat. R. Driver hatte sich als fähiger Student, Lehrer, Department-Chef, stellvertretender Direktor und Direktor erwiesen. Er wurde zum Schulrat befördert. Während er bis dahin nur die Absichten der Schulbehörde zu interpretieren hatte und so erfolgreich wie möglich in seiner Schule verwirklichen mußte, sollte er nun als Schulrat an der Formulierung der Bildungspolitik teilnehmen und sich dabei demokratischer Gepflogenheiten bedienen.

Aber Driver mißfielen demokratische Spielregeln. Er berief sich auf seinen Expertenstatus. Er belehrte die Mitglieder der Schulbehörde in dem gleichen Ton, den er seinen Schülern gegenüber als Klassenlehrer angeschlagen hatte. Er versuchte die Behörde ebenso zu beherrschen wie früher seine Leute in der Schule.

In der Behörde betrachtet man Driver nun als unfähigen Schulrat. Eine weitere Beförderung ist ausgeschlossen.

Bald erledigt. G. Spender war ein fähiger Student, Englisch-Lehrer, Department-Chef, stellvertretender Direktor und Direktor. Dann arbeitete er sechs Jahre lang zufriedenstellend als Schulrat – patriotisch, diplomatisch, verbindlich und überall beliebt. Er wurde zum Oberschulrat ernannt. In dieser Funktion mußte er sich um die Schulfinanzen kümmern und stellte bald fest, daß er hier völlig verloren war.

Vom Beginn seiner Lehrtätigkeit an hatte sich Spender nie den Kopf über Geldfragen zerbrochen. Seine Frau nahm seinen Gehaltsscheck entgegen, bezahlte sämtliche Haushaltsausgaben und gab ihm jede Woche ein Taschengeld.

In der neuen Position blieb Spenders Unfähigkeit im Umgang mit Geld nicht lange verborgen. So kaufte er beispielsweise eine große Anzahl Lernmaschinen von einer unseriösen Firma, die über Nacht Pleite machte, ohne auch nur ein einziges Programm für diese Maschine produziert zu haben. Dann ließ Spender jedes Klassenzimmer in der Stadt mit einem Fernsehgerät ausrüsten, obgleich die einzigen Programme, die man in dieser Gegend empfangen konnte, nur für Mittelschulen bestimmt waren. Spender hatte seine Stufe der Unfähigkeit erklommen.

*Ein anderer Aufstiegs-Mechanismus*

Die bisherigen Beispiele sind typisch für den «linearen Aufstieg». Es gibt aber auch einen anderen Weg nach oben, die «Stabs-Versetzung». Der Fall von Miss T. Totland ist dafür typisch.

Miss Totland, die eine fähige Studentin und eine ausgezeichnete Volksschullehrerin war, wurde an eine pädagogische Hochschule versetzt. Hier sollte sie nicht mehr Schüler, sondern junge Lehrer unterrichten. Dennoch bediente sie sich dabei der Methoden, mit denen sie bei kleinen Kindern soviel Erfolg gehabt hatte.

Wenn sie sich mit den Lehrern einzeln oder in Gruppen unterhielt, sprach sie sehr langsam und deutlich. Sie verwendete bevorzugt ein- und zweisilbige Wörter. Sie erklärte jedes Problem mehrmals mit unterschiedlichen Worten, um sicher zu sein, daß es auch wirklich jeder verstanden hatte. Dabei zeigte sie ständig ein strahlendes Lächeln.

Die Lehrer ärgerten sich über das, was sie als falsche Freundlichkeit empfanden, und über die leutselige Art. Ihre starke Abneigung führte dazu, daß sie, statt Miss Totlands Anregungen nachzukommen, viel Zeit damit verbrachten, Entschuldigungen dafür zu ersinnen, warum sie es nicht taten.

So erwies sich, daß Miss Totland für den Umgang mit jungen Volksschullehrern ungeeignet war. Sie kam deshalb für eine weitere Beförderung nicht in Betracht und blieb als Ausbilderin für Volksschullehrer auf ihrer Stufe der Unfähigkeit stehen.

*Sie sind der Richter*

Sie können ähnliche Fälle in jeder Hierarchie finden. Sehen Sie sich an Ihrem Arbeitsplatz um und suchen Sie die Leute heraus, die ihre Stufe der

Unfähigkeit bereits erreicht haben. Sie werden feststellen, daß in jeder Hierarchie *die Schlagsahne so lange hochsteigt, bis sie sauer wird.* Blicken Sie in den Spiegel und fragen Sie sich, ob . . .

Nein! Sie wollen sicherlich lieber wissen, ob es keine Abweichungen von diesem Prinzip gibt, ob man seiner Wirkung nicht entfliehen kann? Ich werde diese Fragen in den folgenden Kapiteln untersuchen.

# 3. Scheinbare Abweichungen

Wenn eine Sache schiefgeht,
findet der Schuldige immer Ausflüchte und versucht, die Zahl
seiner Richter so klein wie möglich zu halten.
*J. Dryden*

Viele, denen ich das Peter-Prinzip erläutert habe, sind nicht bereit, es anzuerkennen. Sie suchen ängstlich – und nach ihrer Meinung manchmal mit Erfolg – nach Lücken in meiner hierarchologischen Theorie. Deshalb möchte ich an dieser Stelle eine Warnung aussprechen: Lassen Sie sich von scheinbaren Ausnahmen nicht ins Bockshorn jagen.

## Scheinbare Abweichung Nr. 1: die geräuschlose Sublimierung

«Was mit Walter Blocketts Beförderung los war? Er war hoffnungslos unfähig, ein sogenannter Engpaß. Deshalb ließ ihn die Geschäftsleitung die Treppe hinauffallen, um ihn aus dem Weg zu schaffen.»

Solche Bemerkungen höre ich oft. Lassen Sie uns dieses Phänomen untersuchen, das ich die *geräuschlose Sublimierung* genannt habe. Wurde Blockett von einer Stufe der Unfähigkeit auf eine der Fähigkeit versetzt? Nein. Er wanderte lediglich von einem unproduktiven Posten auf einen anderen. Hat er nun etwa einen größeren Verantwortungsbereich als früher? Nein. Leistet er in der neuen Stellung mehr als früher? Ebenfalls nein.

*Die geräuschlose Sublimierung ist eine Pseudo-Beförderung.* Einige Mitarbeiter vom Blockett-Typ glauben tatsächlich, sie wären in den Genuß einer echten Beförderung gekommen; anderen dämmert die Wahrheit. Doch der eigentliche Zweck einer Pseudo-Beförderung liegt darin, *Beobachter außerhalb der Hierarchie zu täuschen.* Wenn das erreicht wird, gilt das Manöver als gelungen.

Der erfahrene Hierarchologe wird durch solche Tricks natürlich niemals getäuscht. Hierarchologisch kann man nur den Aufstieg *von einer Stufe der Kompetenz* als echte Beförderung anerkennen.

Welche Auswirkungen hat eine erfolgreiche Pseudo-Beförderung? Nehmen wir einmal an, Kickly, Blocketts Arbeitgeber, ist noch kompetent. Durch die Versetzung von Blockett schlägt er drei Fliegen mit einer Klappe:

1. Er verbirgt den Mißerfolg seiner Personalpolitik. Das Eingeständnis, daß Blockett unfähig war, könnte Beobachter sonst zu dem Urteil verführen, Kickly hätte schon bei der letzten Beförderung merken

müssen, Blockett sei nicht der richtige Mann. Doch eine geräuschlose Sublimierung *rechtfertigt die vorangegangene Beförderung* (selbstverständlich nur in den Augen der anderen Angestellten und ungeschulter Beobachter, nicht dagegen im Urteil des Hierarchologen).

2. Das Betriebsklima wird verbessert. Zumindest einige Angestellte werden sich sagen: «Wenn selbst Blockett befördert wird, habe ich auch noch einige Chancen.» *Eine geräuschlose Sublimierung dient deshalb als Stimulans für viele andere Mitarbeiter.*
3. Die Hierarchie wird geschützt. Obwohl Blockett unfähig ist, *darf er nicht gefeuert werden,* weil er vermutlich immer noch genug über Kicklys Geschäftsgeheimnisse weiß, um im Dienst eines Konkurrenten gefährlich zu werden.

*Ein allgemeines Phänomen*

Die Hierarchologie lehrt uns, daß es in jeder blühenden Organisation innerhalb der Führungsspitze eine Menge trockenes Holz gibt, eine Anzahl von geräuschlos Sublimierten und von Kandidaten für dieses Verfahren. In einer bekannten Gerätefabrik gibt es dreiundzwanzig Vizepräsidenten!

*Ein paradoxes Ergebnis!*

Die Waverley-Radiogesellschaft ist bekannt für den Einfallsreichtum ihrer Produktionsabteilung. Dies ist ein Erfolg der geräuschlosen Sublimierung. Waverley versetzt nämlich alle einfallslosen, unproduktiven und überflüssigen Mitarbeiter in ein prunkvolles, mit einem Aufwand von drei Millionen Dollar errichtetes Verwaltungszentrum.

In diesem Büropalast gibt es keine Kameras, Mikrofone oder Sendeanlagen. Er liegt sogar meilenweit von dem nächsten Studio der Gesellschaft entfernt. Dennoch herrscht in diesem Verwaltungszentrum ständig emsige Betriebsamkeit. Endlose Berichte werden verfaßt, graphische Übersichten produziert und Verabredungen für Konferenzen getroffen.

Kürzlich wurde eine Umgruppierung im oberen Management angekündigt. Vier Vizepräsidenten wurden durch acht Vizepräsidenten und einen dem Präsidenten unterstellten, koordinierenden Direktionsassistenten ersetzt.

Wir sehen also, daß die geräuschlose Sublimierung *dem Zweck dienen kann, den Arbeitern die Drohnen vom Hals zu schaffen.*

## Scheinbare Abweichung Nr. 2: die seitliche Arabeske

Eine weitere Art von Pseudo-Beförderung ist die *seitliche Arabeske.* Ohne einen höheren Rang – und manchmal auch ohne eine Gehaltserhöhung – wird dem unfähigen Mitarbeiter ein neuer und längerer Titel verliehen und ein neuer Arbeitsplatz in einem entfernten Winkel des Gebäudes zugewiesen.

R. Filewood versagte als Bürochef der Cardley-Schreibwaren AG. Nach einer seitlichen Arabeske durfte er bei gleichem Gehalt als «Koordinator für innerbetriebliche Kommunikation» die Ablage der zweiten Kopien der zwischen den einzelnen Abteilungen ausgetauschten Aktennotizen überwachen.

Akte Automobilindustrie, Fall Nr. 8. Die Wheeler-Autozubehör AG hat die seitliche Arabeske fast bis zur Perfektion entwickelt. Der Wheeler-Konzern ist in viele, regional selbständig arbeitende Abteilungen gegliedert. Bei meiner letzten Untersuchung stellte ich fest, daß fünfundzwanzig leitende Angestellte als regionale Vizepräsidenten in die Provinz verbannt worden waren.

Die Gesellschaft hatte unter anderem ein Hotel gekauft und einen ihrer oberen Manager mit der Leitung beauftragt. Ein weiterer überflüssiger Vizepräsident wurde drei Jahre lang damit beschäftigt, die Geschichte des Unternehmens zu schreiben.

Meine Schlußfolgerung: *Je größer eine Hierarchie, um so einfacher ist die seitliche Arabeske.*

Ein Fall freien Schwebens. Die komplette, zweiundachtzigköpfige Mannschaft einer kleinen Behördenabteilung wurde einer anderen Abteilung angegliedert. Zurück blieb nur der Direktor, ein Sechzehntausend-Dollar-Mann, ohne Arbeit und ohne jemand, den er zu beaufsichtigen hätte. Wir haben hier den seltenen Fall einer hierarchischen Pyramide, die nur noch aus ihrem Schlußstein besteht – frei schwebend, ohne stützenden Unterbau! Diesen interessanten Zustand nenne ich den *frei schwebenden Gipfel.*

## Scheinbare Abweichung Nr. 3: Peters Umkehrung

Einer meiner Freunde reiste kürzlich durch ein Land, in dem der Verkauf alkoholischer Getränke Staatsmonopol ist. Kurz vor seiner Heimreise ging er in einen staatlichen Schnapsladen und erkundigte sich, welche Menge alkoholischer Getränke er mit nach Hause nehmen dürfe.

«Da müssen Sie die Zollbeamten an der Grenze fragen», antwortete der Verkäufer.

«Aber ich möchte es *jetzt* wissen, damit ich die erlaubte Menge einkaufen kann und nicht zuviel nehme. Sonst wird ein Teil beschlagnahmt.»

«Es handelt sich um eine Zollverordnung, mit der wir nichts zu tun haben», lautete die Antwort.

«Aber Sie kennen doch sicherlich die Zollbestimmungen.»

«Natürlich, aber die Zollbestimmungen gehören nicht in die Zuständigkeit unserer Behörde, und deshalb darf ich Ihnen keine Auskunft geben.»

Haben Sie ähnliche Erfahrungen auch schon gemacht? Hat man Ihnen auch schon einmal gesagt: «Diese Information geben wir nicht»? Der Beamte kennt die Antwort auf Ihre Frage; Sie wissen, daß er sie weiß. Aber aus irgendeinem unerfindlichen Grund will er nicht mit der Sprache heraus.

Als ich vor Jahren eine neue Professur an einer Universität übernommen hatte, erhielt ich von der Lohnbuchhaltung eine Ausweiskarte, die mich berechtigte, in der Universitätsbuchhandlung mit Schecks zu bezahlen. Ich ging in den Laden, legte meinen Ausweis vor und präsentierte einen American Express-Reisescheck über 20 Dollar.

«Wir nehmen nur Gehaltsschecks und persönliche Schecks an», erklärte mir der Kassierer.

«Aber dieser hier ist besser als ein persönlicher Scheck», antwortete ich. «Er ist sogar noch besser als ein Gehaltsscheck. Ich kann damit selbst ohne diesen besonderen Ausweis in jedem Laden bezahlen. Ein Reisescheck ist so gut wie Bargeld.»

«Aber es ist kein Gehaltsscheck und kein persönlicher Scheck», beharrte der Kassierer.

Nachdem es eine Weile so weitergegangen war, verlangte ich den Geschäftsführer zu sprechen. Er hörte mir geduldig, wenn auch mit gelangweilter Miene zu und erklärte schließlich schlicht, daß Reiseschecks hier nicht angenommen würden.

Sie haben sicher schon von Krankenhäusern gehört, wo kostbare Zeit damit vertrödelt wird, daß endlose Fragebogen ausgefüllt werden müssen, ehe einem Unfallopfer geholfen wird. Sie kennen sicher auch schon die Geschichte von der Krankenschwester, die den Patienten weckt, um ihm seine Schlaftablette zu geben.

Sie haben vielleicht in der Zeitung von dem Iren Michael Patrick O'Brien gelesen, der elf Monate auf einem Fährboot bleiben mußte, das zwischen Hongkong und Macao verkehrt. Er besaß nicht die notwendigen Papiere, um auf der einen oder anderen Seite auszusteigen und niemand wollte sie ihm ausstellen.

Vor allem bei kleinen Beamten und Angestellten ohne Entscheidungsbefugnisse kann man beobachten, wie versessen sie darauf sind, daß Formulare korrekt ausgefüllt werden – ohne Rücksicht darauf, ob das irgendeinem sinnvollen Zweck dient oder nicht. Sie gestatten nicht die kleinste Abweichung von der üblichen Routine.

*Berufsautomaten*

Den oben erwähnten Typ bezeichne ich als den Berufsautomaten. Für ihn steht außer Zweifel, daß die Mittel wichtiger sind als das Ziel. Der Papierkrieg liegt ihm mehr am Herzen als der Zweck, dem er ursprünglich dienen sollte. Er sieht sich selber nicht etwa als Diener der Öffentlichkeit, sondern betrachtet das Publikum als Rohmaterial, das nur dazu dient, ihn selber, die Formulare, das Amtsritual und die Hierarchie am Leben zu erhalten.

Der Berufsautomat ist in den Augen seiner Kunden, Klienten oder Opfer unfähig. Deshalb werden Sie sich zweifellos die Frage stellen, weshalb so viele Berufsautomaten dennoch befördert werden. Steht der Berusautomat außerhalb des Peter-Prinzips?

*Eine Frage des Maßstabes*

Die Fähigkeit eines Beschäftigten *wird nicht von Außenstehenden, sondern von seinen Vorgesetzten in der Hierarchie beurteilt.* Wenn der Vorgesetzte selber noch auf der Stufe der Fähigkeit steht, wird er seinen Untergebenen wahrscheinlich danach beurteilen, ob er sinnvolle Arbeit verrichtet – ob er beispielsweise rasch ärztliche Hilfe leistet oder brauchbare Auskünfte erteilt, gute Würste oder Tischbeine herstellt oder was auch immer zu den erklärten Zielen der Hierarchie gehört. Das bedeutet, daß er die Leistung, den *output*, bewertet.

Wenn der Vorgesetzte jedoch bereits das Stadium der Unfähigkeit erreicht hat, wird er seinen Untergebenen vermutlich nach bürokratischen Gesichtspunkten bewerten. Er wird die Fähigkeiten des Mitarbeiters danach beurteilen, inwieweit er die Anordnungen und das Behördenritual respektiert, ob er den Eigenwert von Formularen zu würdigen weiß und den Status quo innerhalb des Betriebes heiligt. Pünktlichkeit, Sauberkeit, Höflichkeit gegenüber Vorgesetzten, interner Papierkrieg stehen hoch im Kurs. Kurz gesagt, solch ein Vorgesetzter bewertet den *input*, den Aufwand innerhalb der Hierarchie.

«Rockmann ist *zuverlässig.*»

«Lubrick trägt zum *reibungslosen* Ablauf der Büroarbeit bei.»

«Rutter arbeitet *sehr systematisch.*»

«Miss Trudgen ist eine *unermüdliche* Mitarbeiterin.»

«Miss Friendly *arbeitet* gut mit ihren Kollegen *zusammen.*»

In solchen Fällen wird *die interne Zusammenarbeit erheblich höher bewertet als die tatsächliche Leistung.* Das bedeutet *Peters Inversion, Peters Umkehrung.* Ein Berufsautomat könnte deshalb auch als ein *Peter-*

*Invertierter* bezeichnet werden. Er hat das Verhältnis zwischen Mittel und Zweck umgekehrt.

Jetzt werden Sie auch das Verhalten der vorher beschriebenen Peter-Invertierten verstehen.

Wenn der Angestellte im Schnapsladen die Zollbestimmungen bereitwillig erläutert hätte, hätte der Reisende gedacht: «Wie freundlich.» Der Vorgesetzte aber hätte ihm diesen Bruch der Amtsgepflogenheiten übelgenommen.

Wenn der Kassierer im Buchladen meinen Reisescheck angenommen hätte, wäre er in meinen Augen ein hilfsbereiter Mann gewesen. Der Geschäftsführer aber hätte ihm einen Verweis erteilt und behauptet, er habe seine Befugnisse überschritten.

### *Aufstiegschancen für Peter-Invertierte*

Der Peter-Invertierte oder Berufsautomat hat, wie wir gesehen haben, kaum die Fähigkeit zum unabhängigen Urteil. Er *gehorcht immer und entscheidet nie.* Vom Standpunkt der Hierarchie ist das ein Zeichen der Befähigung. Daher hat der Peter-Invertierte durchaus Aussicht auf Beförderung. Er steigt so lange auf, bis ihn ein Mißgeschick an eine Stelle bringt, wo er Entscheidungen treffen muß. Nun ist auch er auf seiner Stufe der Unfähigkeit angelangt.*

Wir können deshalb feststellen, daß beruflicher Automatismus – so ärgerlich Sie es auch finden mögen – keineswegs eine Ausnahme vom Peter-Prinzip darstellt. Meinen Studenten erkläre ich es meist so: Mit der Fähigkeit ist es genauso wie mit der Wahrheit, der Schönheit oder mit Kontaktlinsen – jeder Betrachter sieht sie mit anderen Augen.

## Scheinbare Abweichung Nr. 4:
## Ausschluß aus der Hierarchie

Nun möchte ich eine Erscheinung zur Debatte stellen, die vielen ungeschulten Beobachtern besonders merkwürdig erscheint: Den Fall des brillanten, fleißigen Mitarbeiters, der nicht nur bei der Beförderung übersehen wird, sondern häufig auch noch seine Stellung verliert.

Ich möchte erst einige Beispiele anführen und sie dann erklären.

In der Stadt Excelsior hat jeder junge Lehrer ein Jahr Probezeit. K. Buch-

* Es gibt zwei Arten untergeordneter Entscheidungen, die ich manchmal bei beförderten Peter-Invertierten beobachtet habe:

a) eine enge Auslegung bestehender Vorschriften;

b) Schaffung neuer Vorschriften für eine nebensächliche Angelegenheit, die durch die bereits existierenden Verordnungen nicht exakt erfaßt wird.

Dieses Vorgehen dient nur dazu, die Inversion zu festigen.

man war ein blendender Anglistik-Student. In seinem Probejahr als Englisch-Lehrer gelang es ihm, die Schüler mit seiner eigenen Begeisterung für klassische und moderne Literatur anzustecken. Einige von ihnen besorgten sich Lesekarten für die öffentliche Bücherei von Excelsior, andere waren ständig in den Buchhandlungen und Antiquariaten der Stadt zu finden. Ihr Interesse war so stark, daß sie auch viele Bücher lasen, die nicht auf der Liste der von der Schulbehörde empfohlenen Literatur standen.

Es dauerte nicht lange, bis sich wütende Väter und Mütter sowie Abordnungen zweier strenger Sekten beim Schuldirektor meldeten, um sich darüber zu beklagen, daß ihre Kinder sich mit «unerwünschter» Literatur beschäftigten. Buchman wurde mitgeteilt, daß seine Dienste im folgenden Jahr nicht mehr benötigt würden.

Dem Probelehrer C. Cleary wurde als erster Lehrauftrag eine Klasse geistig zurückgebliebener Kinder zugeteilt. Obgleich er gewarnt worden war, daß er mit diesen Kindern nicht viel erreichen würde, versuchte er ihnen so viel wie möglich beizubringen. Am Ende des Jahres schnitten viele von Clearys zurückgebliebenen Kindern bei Lese- und Rechentests besser ab als Schüler in den normalen Klassen.

Als Cleary seinen Entlassungsbescheid erhielt, wurde ihm mitgeteilt, daß er in gröbster Weise alle beschäftigungstherapeutischen Arbeiten wie Perlen aufreihen und Sandkastenspiele vernachlässigt habe, die für zurückgebliebene Kinder empfohlen werden. Er hatte auch keinen angemessenen Gebrauch von Ton zum Modellieren, von Nagelbrettern und Farbkästen gemacht, die von der Hilfsschüler-Sonderabteilung der städtischen Schulbehörde bereitgestellt worden waren.

Miss E. Beaver, eine Probelehrerin an der Volksschule, war ungewöhnlich begabt für ihren Beruf. Weil sie noch keine einschlägigen Erfahrungen besaß, hielt sie sich an das, was sie auf der Universität gelernt hatte, und bemühte sich darum, jedes Kind entsprechend seinen individuellen Fähigkeiten zu fördern. Der Erfolg war, daß ihre begabtesten Schüler das Pensum von zwei oder drei Jahren in einem Jahr bewältigten.

Der Direktor gab sich außerordentlich verbindlich, als er Miss Beaver erklärte, daß sie leider nicht für eine feste Anstellung vorgeschlagen werden könne. Aber sicher würde sie einsehen, daß sie den Schulbetrieb gestört habe. Sie habe sich nicht an den Studienplan gehalten und den Kindern Schwierigkeiten bereitet, weil der Unterricht des folgenden Jahres nicht mehr ihren Bedürfnissen entspräche. Sie hätte sich nicht an die geltenden Regeln und den üblichen Gebrauch der Lehrbücher gehalten und dem Lehrer, der nun im nächsten Jahr mit den Kindern arbeiten müsse, die ihr Pensum längst beherrschten, große Sorgen bereitet.

*Die Erklärung des Paradoxons*
Diese Fälle zeigen, daß in den meisten Hierarchien *Super-Kompetenz anstößiger ist als Inkompetenz.*

Wie wir gesehen haben, ist gewöhnliche Inkompetenz noch lange kein Entlassungsgrund. Sie ist lediglich eine Schranke für den weiteren Aufstieg. Super-Kompetenz dagegen führt häufig zur Entlassung, *weil sie die Hierarchie gefährdet.* Sie verletzt dadurch das oberste Gebot des hierarchischen Lebens: *Die Hierarchie muß erhalten bleiben.*

Sie werden sich daran erinnern, daß ich im zweiten Kapitel drei Klassen von Mitarbeitern erwähnte: Unfähige, mäßig befähigte und befähigte. Aus Gründen der Vereinfachung kappte ich dabei die beiden Extreme der Verteilungskurve und überging zwei weitere Gruppen. Hier nun ist die vollständige Kurve.

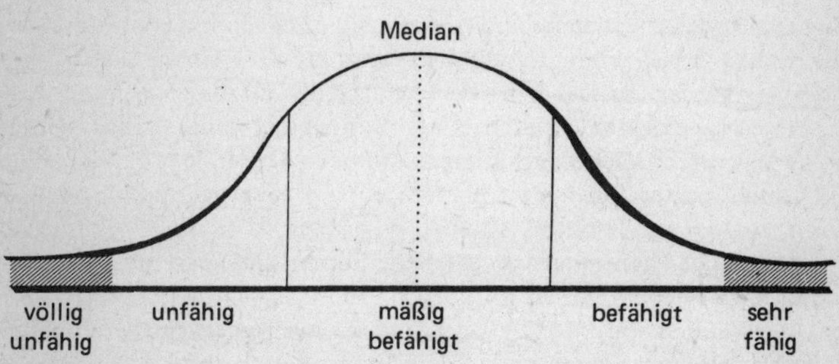


Die Beschäftigten in den beiden äußersten Gruppen – die sehr Fähigen und die völlig Unfähigen – sind gleichermaßen Kandidaten für einen Rausschmiß. Sie werden im allgemeinen schon kurz nach ihrer Einstellung wieder gefeuert, und zwar aus dem gleichen Grund: Beide gefährden sie den Bestand der Hierarchie. Dieses Abstoßen der Extreme nennt man den *hierarchischen Ausschluß.*

*Einige abschreckende Beispiele*
Ich habe bereits das Schicksal einiger super-kompetenten Mitarbeiter beschrieben. Es folgen nun einige für Super-Inkompetenz.

Miss P. Saucier wurde in der Haushaltswarenabteilung des Lomark-Kaufhauses als Verkäuferin angestellt. Sie verkaufte von Anfang an weniger als der Durchschnitt der Angestellten. Das allein wäre noch kein Entlassungsgrund gewesen, da auch viele andere Verkäufer unter dem Durchschnitt lagen. Aber Miss Saucier hielt einen erschreckenden Rekord an Fehlleistungen: Sie zwängte falsche Schlüssel in Registrierkassen, nahm Kreditkarten der Konkurrenz entgegen und legte, noch schlimmer, das Kohlepapier falsch herum zwischen die Auftragsformulare. So brachte sie es fertig, dem Kunden nicht nur die Auftragskopie, sondern auch das Original mitzugeben, so daß dieser das Kaufhaus mit beiden Ausfertigungen verließ (eine auf der Vorderseite und eine in Spiegelschrift auf der Rückseite), während sie selber ohne jede Unterlage zurückblieb. Zu allem Überfluß war sie auch noch unverschämt zu ihren Vorgesetzten. Nach einem Monat wurde sie wieder entlassen.

W. Kirk, ein protestantischer Priester, hatte sehr eigene Ansichten über das Wesen Gottes, die Wirksamkeit der Sakramente, das zweite Erscheinen Christi und das Leben nach dem Tode – Ansichten, die zu den offiziellen Lehren seiner Kirche in scharfem Widerstand standen. Kirk war deshalb inkompetent, seinen Gemeindemitgliedern die geistliche Fürsorge angedeihen zu lassen, die sie erwarteten. Er wurde selbstverständlich nicht befördert, behielt aber dennoch mehrere Jahre lang seine Anstellung. Dann schrieb er ein Buch, in dem er die Schwerfälligkeit der kirchlichen Hierarchie scharf kritisierte und eine plausible Begründung dafür gab, daß alle Kirchen Steuern zahlen sollten. Er verlangte, daß sich die Geistlichkeit auch so ernster sozialer Probleme wie Homosexualität, Drogen-Mißbrauch, Rassenhaß und ähnlicher Fragen annehmen sollte . . . Damit hatte er es geschafft, die Grenze zwischen Inkompetenz und Super-Inkompetenz mit einem großen Sprung zu überschreiten, und wurde prompt entlassen.

Der aus der Hierarchie ausgestoßene Super-Inkompetente weist zwei charakteristische Merkmale auf:

1. Er hat keine produktive Leistung aufzuweisen (*output*).
2. Er tut nichts für den inneren Zusammenhalt der Hierarchie (*input*).

*Kann ein hierarchischer Ausschluß für Sie von Nutzen sein?*

Wir sehen also, daß Super-Kompetenz und Super-Inkompetenz für die typische Hierarchie gleichermaßen unannehmbar sind.

Wir stellen gleichzeitig fest, daß von der Hierarchie Ausgeschlossene, ebenso wie alle anderen Beschäftigten, dem Peter-Prinzip unterworfen sind.

Sie unterscheiden sich von allen anderen Arbeitnehmern dadurch, daß sie die einzigen sind, die unter den herrschenden Umständen für eine Entlassung in Frage kommen.

Möchten Sie lieber woanders arbeiten? Haben Sie Ihre gegenwärtige Stellung beim Militär, im Erziehungswesen oder Geschäftsleben aus freiem Entschluß gewählt, oder ist sie das Ergebnis eines legalen oder familiären Drucks? Nun – Sie können planmäßig und mit voller Absicht dafür sorgen, daß sie entweder super-kompetent oder super-inkompetent werden.

## Scheinbare Abweichung Nr. 5
## der paternalistische Zugang

Manche Eigentümer altmodischer Familienunternehmen behandelten ihre Söhne wie normale Angestellte. Sie fingen ganz unten in der Hierarchie an und stiegen dann entsprechend dem Peter-Prinzip auf. In diesem Fall wogen die Liebe des Eigentümers zu seiner Hierarchie, sein Wunsch, ihre Leistungsfähigkeit und Ertragskraft zu erhalten, sowie sein starkes Gerechtigkeitsgefühl seine natürlichen familiären Gefühle auf.

Viele Unternehmer vertrauten ihren Söhnen aber auch von Anfang an Führungspositionen an, in der Hoffnung, daß sie auch ohne den Dienst «von der Pike auf» einmal das Oberkommando übernehmen oder – wie man so schön sagt – in die Schuhe ihres Vaters schlüpfen könnten.

Diese Art des Eintritts in eine Hierarchie nenne ich den *paternalistischen Zugang.*

Es gibt zwei wichtige Spielarten des paternalisitischen Zugangs (P. Z.).

*P. Z.-Methode Nr. 1*
Ein bereits in der Hierarchie beschäftigter Arbeitnehmer kann entlassen oder durch die seitliche Arabeske, beziehungsweise eine geräuschlose Sublimierung, aus seiner bisherigen Position entfernt werden, um für den Neuling Platz zu machen. Weniger gebräuchlich als Methode Nr. 2, kann diese Technik leicht eine starke Abneigung gegen den Neuernannten hervorrufen.

*P. Z.-Methode Nr. 2*
Für den neuen Mitarbeiter wird eine spezielle Position mit einem eindrucksvollen Titel geschaffen.

*Erläuterungen der Methode*
Der paternalistische Zugang ist nur ein kleines Beispiel für die Verhältnisse in einem Klassensystem, bei dem einige bevorzugte Individuen in eine Hierarchie gleich oberhalb einer gewissen Klassengrenze eintreten, statt von ganz unten anzufangen.*

Die Aufnahme neuer Mitarbeiter auf einer höheren Ebene der Hierarchie kann unter Umständen die Leistungsfähigkeit erhöhen. Der paternalistische Zugang erregt deshalb außerhalb der Hierarchie kein Mißfallen.

* Eine ausführliche Darstellung der Hierarchien in einem Klassensystem findet sich in Kapitel 7.

Bei den anderen Mitgliedern der Hierarchie wird das Erscheinen protegierter Neulinge dagegen einen gewissen Widerstand hervorrufen. Die Beschäftigten haben nämlich eine Schwäche für den Beförderungsmechanismus, dem sie selber ihren Aufstieg verdanken und von dem sie sich auch in Zukunft weitere Beförderungen versprechen. Sie lehnen deshalb häufig andere Methoden der Ämtervergabe ab.

*Der paternalistische Zugang heute*

Das Familienunternehmen, das von einem Mann beherrscht wird, der über die Autorität verfügt, seinen Sohn an der Spitze unterzubringen, ist heute zu einer Rarität geworden. Dennoch wird der paternalistische Zugang immer noch in genau der gleichen Art praktiziert. Der einzige Unterschied ist, daß der Eindringling nicht mehr mit demjenigen, der ihn ernennt, verwandt sein muß.

Akte paternalistischer Zugang, Fall Nr. 7. A. Purefoy, Direktor der Gesundheitsbehörde der Stadt Excelsior, stellte am Ende des Haushaltsjahres fest, daß er noch über einige unausgenutzte Etatposten verfügte. Es hatte keine Epidemien gegeben, der Excelsior-Fluß war nicht wie üblich über die Ufer getreten und hatte deshalb nicht das Abwässersystem verschlammt. Überdies waren die beiden Abteilungsleiter Purefoys (einer für Gesundheitswesen, der andere für Hygiene) gewissenhafte, kompetente und sparsame Männer.

Die vorgesehenen Etatmittel waren also nicht ausgegeben worden, und Purefoy erkannte, daß ihm im folgenden Jahr weniger Geld bewilligt werden würde, wenn er nicht bald etwas unternähme. Er entschloß sich deshalb, eine dritte Abteilungsleiter-Position zu schaffen, deren Inhaber ein Anti-Schmutz- und Stadtverschönerungsprogramm organisieren sollte. Um den neuen Posten zu besetzen, engagierte er W. Pickwick, einen jungen Mann, der gerade an der Wirtschaftsakademie sein Diplom erworben hatte, an der Purefoy früher selbst studiert hatte.

Pickwick richtete seinerseits wiederum elf neue Planstellen ein: Einen Müll-Rat, sechs Müll-Inspektoren, drei Sekretärinnen und einen Beauftragten für Öffentlichkeitsarbeit.

N. Wordsworth, der Public Relations-Manager, organisierte Aufsatzwettbewerbe für Schüler und veranstaltete für Erwachsene Ausschreibungen für die besten Plakatentwürfe und Werbeslogans. Außerdem gab er zwei Filme in Auftrag – einen zur Propagandierung des «Halte deine Stadt sauber»-Programms, den anderen zur «Verschönerung der Stadt». Die Filme sollten von einem unabhängigen Produzenten hergestellt werden, der wie Wordsworth und Pickwick Mitglied des Studententheaters gewesen war.

Alles entwickelte sich nach Wunsch: Direktor Purefoy überschritt seine

Haushaltsmittel, und es gelang ihm sogar, für das folgende Jahr einen höheren Etat zu bekommen.

*Moderner Vater-Ersatz*

Heute ist die Regierung Mutter für alles. Bundesmittel werden für viele neue Vorhaben bereitgestellt: Kampf gegen Luft- und Wasserverschmutzung, Feldzug gegen die Armut, Feldzug gegen das Analphabetentum, Bekämpfung der Einsamkeit, Kampf gegen das Verbrechertum und wissenschaftliche Untersuchungen über die Frage, wie die Raumfahrt für die Erholung der kulturell benachteiligten Bevölkerungsschichten nutzbar zu machen sei.

Sobald Geld zur Verfügung gestellt wird, muß ein Weg gefunden werden, es auszugeben. Ein neues Amt wird geschaffen – Koordinator für den Feldzug gegen die Armut, Direktor des Bildungsprogramms, Berater für Volksbüchereien, Organisator des Wohlfahrts- und Unterhaltungsprogramms zugunsten älterer Bürger oder was es sonst noch alles gibt. Irgend jemand wird angeheuert, um den Posten zu übernehmen, um sich die Schuhe anzuziehen – auch wenn sie ihm manchmal zu groß sind.

Es spielt keine Rolle, ob der Inhaber des neuen Amtes das Problem löst, für dessen Bewältigung er eingestellt wurde. Wichtig ist nur, daß er willens und fähig ist, das vorhandene Geld auszugeben.

*Das Prinzip bleibt unberührt*

Eine solche Personalpolitik stimmt durchaus mit dem Peter-Prinzip überein. Fähigkeit oder Unfähigkeit sind so lange unwichtig, wie die Schuhe ausgefüllt werden. Wenn dies in kompetenter Form geschieht, kommt der Neuling nach einiger Zeit für eine Beförderung in Frage. Er wird seine Stufe der Unfähigkeit auf einer höheren Ebene finden.

## Schlußfolgerung

Die scheinbaren Abweichungen *sind keine Abweichungen*. Der Peter-Prinzip ist auf alle Beschäftigten in jeder Hierarchie anwendbar.

# 4. Protektion & Beförderung

Ein langer Zug,
ein starker Zug und ein gemeinsamer Zug.
*Dickens*

Wie man sieht, ist das Peter-Prinzip unveränderlich und universell gültig. Aber wahrscheinlich möchten Sie gerne wissen, wie lange Sie wohl für Ihren Aufstieg in der Hierarchie brauchen. Zunächst wollen wir uns dem durch Protektion beschleunigten Aufstieg zuwenden.

## Protektion – mit achtzehn Worten definiert

Ich definiere Protektion als die «Beziehung eines Beschäftigten – durch Blutsverwandtschaft, Heirat oder Bekanntschaft – zu einer Person, die in der Hierarchie über ihm steht».

*Die Unpopularität des Protegierten*
Wir alle hassen die Beförderung durch Protektion – *bei anderen.* Die Kollegen mögen den Begünstigten (den Protegé) nicht und geben ihrer Abneigung meist durch Bemerkungen über seine Unfähigkeit Ausdruck.

Schon bald nachdem W. Kinsman Oberschulrat in Excelsior geworden war, wurde sein Schwiegersohn, L. Harker, Dezernent für den Musikunterricht. Manche Lehrer hatten an dieser Beförderung auszusetzen, daß Harker schwerhörig war. Sie behaupteten, daß wegen seines Dienstalters (*input*) D. Roane die Stellung hätte erhalten müssen.

NEID KENNT KEINE LOGIK. D. Roane hatte sich so oft und so lange Schulchöre und -orchester anhören müssen, daß er inzwischen *Musik und Kinder nicht mehr ertragen konnte.* Ohne Zweifel wäre er auf dem Posten des Musikdezernenten nicht fähiger gewesen als Harker (an der echten Leistung gemessen).

Der Widerstand der Lehrer richtete sich in Wirklichkeit also nicht gegen Harkers Unfähigkeit, sondern gegen den Verstoß wider das Dienstalterprinzip.

*Die Angehörigen einer Hierarchie stören sich nicht an der Unfähigkeit (Peters Paradox).* Der Betriebsklatsch über die Unfähigkeit des Neulings soll nur den Neid derjenigen verbergen, die keine Protektion genießen.

Man kann die Karrieren vieler Angestellter untersuchen, die Protektion besaßen (Protegés), und mit dem Berufsweg anderer Mitarbeiter von gleicher Qualifikation vergleichen, die keinen Gönner hatten. Die Ergebnisse meiner Forschungsarbeiten lassen sich in fünf praktische Vorschläge für den Möchte-gern-Protegé zusammenfassen.

*1. Suchen Sie einen Gönner*

Ein Gönner ist eine Person, die in der Hierarchie über Ihnen steht und Ihnen zum Aufstieg verhelfen kann. Manchmal müssen Sie schon erhebliche Anstrengungen unternehmen, um herauszufinden, wer dazu in der Lage ist und wer nicht. Vielleicht glauben Sie, daß das Tempo, in dem Sie vorwärtskommen, von den guten oder schlechten Berichten abhängt, die Ihre unmittelbaren Vorgesetzten über Sie verfassen. Das *kann* stimmen. Es kann aber auch sein, daß man an der Spitze schon weiß, daß Ihr unmittelbarer Vorgesetzter seine Stufe der Unfähigkeit bereits erreicht hat und deshalb seinen positiven oder negativen Empfehlungen wenig Wert beimißt. Deshalb dürfen Sie nicht oberflächlich sein: Nur wer tief genug gräbt, findet auch etwas.

*2. Der Gönner braucht ein Motiv*

«Ein Gönner, der keinen Grund dazu hat, ist kein Gönner.» Sorgen Sie dafür, daß Ihr Gönner etwas davon hat, wenn er Ihnen behilflich ist, oder daß es von Nachteil für ihn ist, wenn er sich nicht um Ihren Aufstieg in der Hierarchie kümmert. Meine Untersuchungen haben viele Beispiele solcher Motivationsbemühungen zutage gefördert – manche nette, aber auch manche abstoßende Fälle. Ich will sie hier nicht weiter ausmalen. Ich möchte dem Leser lieber die Möglichkeit geben, sich selbst zu testen. Diesen Test nenne ich *Peters Brücke*. Wenn Sie nicht mehr soviel Energie aufbringen, sie aus eigener Kraft zu überschreiten, haben Sie bereits Ihre Stufe der Unfähigkeit erreicht. Kein noch so wohlgemeinter Ratschlag von mir kann Ihnen dann noch helfen.

*3. Suchen Sie den Weg nach oben*

«Die beste Straße ist immer noch eine Straße ohne herabgelassene Schranken.»

Stellen Sie sich vor, Sie seien in einem Schwimmbad und möchten auf den Sprungturm klettern. Nachdem Sie die Leiter halbwegs hinaufgeklettert sind, müssen Sie feststellen, daß sie von einem Angsthasen blockiert wird, der angesichts der Höhe den Mut verloren hat. Er hält sich mit geschlossenen Augen verzweifelt am Geländer fest. Er fällt nicht herunter, schafft es aber auch nicht, auch nur eine Stufe höher zu klettern. In dieser Situation helfen Ihnen auch aufmunternde Rufe eines Freundes nicht weiter, der bereits vorher den Weg nach oben geschafft hat.

Ähnlich ist es in einer Hierarchie. In einer solchen Lage helfen weder Ihre eigenen Bemühungen noch die Ihres Gönners, weil nämlich die nächste Sprosse von jemand blockiert wird, der seine Stufe der Unfähigkeit erreicht hat (*ein Super-Bremser*). Diese mißliche Situation bezeichne ich als *Peters kleinen Engpaß*.

Kehren wir in Gedanken noch einmal zurück zu unserem Schwimmbad. Um die Spitze des Sprungbretts zu erreichen, müssen Sie von der blockierten Leiter herunter und zu der anderen hinübergehen, die frei ist. Nun können Sie ohne Schwierigkeiten bis zur Spitze hochklettern.

Um in der Hierarchie weiter aufzusteigen, müssen Sie ebenfalls den Platz unter dem Super-Bremser räumen und in einen Aufstiegsschacht überwechseln, der nicht gesperrt ist. Dieses Manöver wird *Peters Umgehung* genannt.

Ehe Sie aber Zeit und Mühe auf Peters Umgehung verwenden, sollten Sie sich genauestens vergewissern, ob wirklich Peters kleiner Engpaß vorliegt, das heißt, ob der Mann über Ihnen wirklich ein Super-Bremser ist. Wenn er dagegen immer noch für eine Beförderung in Frage kommt, ist er kein Super-Bremser, und Sie können es sich ersparen, einen Bogen um ihn herum zu schlagen. Üben Sie sich nur ein wenig in Geduld, warten Sie ein wenig. Er wird eines Tages befördert werden, eine Lücke tut sich auf, und die Protektion kann ihre Wunder wirken.

Um nun Gewißheit darüber zu erlangen, ob Ihr Vorgesetzter wirklich ein Super-Bremser ist, müssen Sie die medizinischen und nicht-medizinischen Merkmale der Endstufe einer Karriere zu Rate ziehen, die in Kapitel 11 und 12 dieses Buches beschrieben sind.

### 4. *Beweglichkeit ist alles*

Für jeden Ihrer Gönner gibt es eine Grenze seiner Möglichkeiten. Versuchen wir es mit einer Analogie: Ein erfahrener Bergsteiger kann einen schwächeren Kletterer immer nur bis zu seinem eigenen Standort heraufziehen. Dann muß er selber erst wieder ein Stück höher klettern, ehe er erneut ziehen kann.

Wenn dem ersten Gönner die Puste ausgeht, muß man sich einen anderen suchen, der noch höher klettern kann.

Sie müssen sich also darauf vorbereiten, zum gegebenen Zeitpunkt bei einem neuen Gönner Anschluß zu suchen, der im Rang über dem alten steht.

«Es gibt keinen besseren Gönner als einen neuen Gönner.»

*5. Versuchen Sie die Mehrfach-Gönnerschaft*
«Die vereinte Förderung durch mehrere Gönner entspricht der Summe ihrer jeweiligen Bemühungen, multipliziert mit der Zahl der Gönner» (*Hulls Theorem*). Dieser Multiplikator-Effekt entsteht dadurch, daß die verschiedenen Gönner miteinander reden und sich dadurch selber ständig in ihrer guten Meinung über die Verdienste ihres Schützlings und in ihrer Absicht, etwas für ihn zu tun, bestätigen. Bei einem einzigen Gönner gibt es diesen Verstärkereffekt nicht. Merke: «Viele Gönner führen zu einer Beförderung.»

## Wozu warten? Eskalieren Sie!!!

Wenn Sie diese Hinweise befolgen, *können Sie bestimmt mit einem Aufstieg rechnen*. Durch den Zug von oben werden Sie beschleunigt in der Hierarchie aufsteigen. Auf diesem Weg erreichen Sie viel schneller Ihre eigene Endstation.

# 5. Ehrgeiz & Beförderung

Wenn du stürzt, stürzt die Welt mit dir.
Wenn du schiebst, schiebst du alleine.

Jetzt wollen wir untersuchen, inwieweit das Aufstiegstempo eines Mitarbeiters durch Ehrgeiz und Fleiß beeinflußt werden kann.

Über die Wirkungsweise des Ehrgeizes hat es viele Mißverständnisse gegeben, vor allem weil Alger* beharrlich die Bedeutung des Ehrgeizes – *«sich hochkämpfen, langsam und sicher»* – als Mittel des Aufstiegs übertrieben hat. Man muß im Gegenteil die unwissenschaftliche, irreführende Tendenz von Algers Werken anprangern, weil sie für die wissenschaftliche Hierarchologie ein Hemmnis waren.

Peale** hat die Bedeutung des Ehrgeizes für den Erfolg ebenfalls überschätzt: *«Die Macht des positiven Denkens»*.

*Ein verbreiteter Irrtum*

Meine Untersuchungen haben gezeigt, daß die hemmende Wirkung des Dienstalterprinzips den aufstiegsfördernden Effekt des Ehrgeizes neutralisiert. Diese Beobachtung bestätigt übrigens auch, daß Protektion mehr bewirkt als Ehrgeiz. Ein Gönner an der Spitze kann häufig das Prinzip, daß Beförderungen ersessen werden müssen, außer Kraft setzen. Ehrgeiz hat selten eine ähnliche Wirkung.

Ehrgeiz allein kann Sie auch kaum jemals aus Peters kleinem Engpaß befreien. Er befähigt Sie auch nicht dazu, Peters Umgehung erfolgreich anzuwenden. Eine Umgehung ohne Protektion von oben führt bloß dazu, daß Ihre Vorgesetzten feststellen: «Er kann sich keiner Sache mit Ausdauer widmen», «Er hat kein Durchhaltevermögen» usw.

Ehrgeiz hat auch keinerlei Einfluß auf die oberste Stufe, bis zu der jemand hochklettern kann. Der Grund ist einfach der, daß alle Mitarbeiter – ob scheu oder aggressiv – dem Peter-Prinzip unterliegen. Sie bleiben also alle früher oder später auf ihrer Stufe der Inkompetenz stehen.

*Merkmale und Symptome des Ehrgeizes*

Ehrgeiz erkennt man gelegentlich an einem abnormen Lerneifer, dem Besuch von Fachkursen und Fortbildungslehrgängen. (In weniger bedeu-

* Alger, Horatio, jr. (1832–99): ‹*Struggling Upward, Slow and Sure*› sowie viele andere Werke.

** Peale, Norman V. (1898–19 . .): ‹*The Power of Positive Thinking*›, New York 1952, sowie viele andere Werke.

tenden Fällen und vor allem in kleinen Hierarchien kann eine solche Ausbildung gelegentlich die Fähigkeiten so steigern, daß der Aufstieg etwas beschleunigt wird. In größeren Organisationen ist der Effekt gleich Null, weil dort das Dienstalterprinzip stärker ist.)

*Gefahren des Ehrgeizes*

Studium und Fortbildung können sogar einen negativen Effekt haben. Das ist dann der Fall, wenn die gesteigerten Fähigkeiten dazu führen, daß der Mitarbeiter während seines Aufstiegs zusätzliche Stufen nehmen muß, bevor er schließlich seine Ebene der Unfähigkeit erreicht.

Nehmen wir zum Beispiel an, daß sich B. Sellers, der fähige Leiter einer örtlichen Verkaufsniederlassung der Excelsior-Matratzen AG, mit viel Mühe eine fremde Sprache angeeignet hat. Es ist dann sehr gut möglich, daß er eine oder mehrere Aufgaben in der überseeischen Verkaufsorganisation des Unternehmens übernehmen muß, ehe er wieder zurückgeholt wird und schließlich seine Stufe der Unfähigkeit als Verkaufsdirektor der Firma erreicht. Lerneifer führte also nur zu einem Umweg in Sellers hierarchischem Flugplan.

*Abschließende Beurteilung*

Nach meiner Ansicht heben sich die positiven und negativen Effekte von Studium und Weiterbildung gegenseitig auf. Das gleiche gilt für andere Merkmale des Ehrgeizes – etwa für die Neigung, sehr früh mit der Arbeit zu beginnen und erst spät am Abend damit aufzuhören. Die Bewunderung, die man sich bei einigen Kollegen durch diese halb-machiavellistischen Methoden erwirbt, wird schließlich durch die Verachtung aufgehoben, die man sich damit unweigerlich bei anderen einhandelt.

*Eine Ausnahme, die die Regel bestätigt*

Gelegentlich findet man einen außergewöhnlich ehrgeizigen Mitarbeiter, der es mit fairen oder etwas weniger feinen Methoden schafft, einen Super-Bremser beiseite zu drücken und so für sich selber vorzeitig eine höhere Position freizumachen.

William Shakespeare zitiert ein interessantes Beispiel in ‹*Othello*›. Im ersten Akt, 1. Szene, beklagt der ehrgeizige Jago die Tatsache, daß die Beförderung eine Frage der Protektion und nicht des Dienstalters ist:

> Das ist der Fluch des Dienstes.
> Beförderung geht Euch nach Empfehl und Gunst,
> Nicht nach Dienstalters Rang, wo jeder zweite
> Den Platz des Vormanns erbt.

Die Beförderung, die sich Jago wünscht, wird Michael Cassio zuteil. So brütet Jago den Plan aus, Cassio zu ermorden und ihn gleichzeitig in den Augen Othellos, des kommandierenden Offiziers, herabzusetzen.

Der Plan steht vor seiner Vollendung, doch Emilia, die Frau Jagos, ist ein unverbesserliches Plappermaul:

Laß Himmel, Menschen, Teufel, alle, alle,
Schmach rufen über mich, ich rede doch!

Sie gibt das Vorhaben preis, und Jago erhält nie die begehrte Beförderung.

Wir sollten aus Jagos Schicksal lernen, daß Diskretion das A und O des Ehrgeizes ist.

Da allerdings ein derart ausgeprägter Ehrgeiz selten ist, kann er meine Beurteilung des Ehrgeiz-Effektes nicht grundlegend umstoßen.

*Eine gefährliche Täuschung*

Die Macht des Ehrgeizes wird aus zwei Gründen häufig überschätzt. Da ist einmal das quälende Gefühl, daß jemand, der energischer nach oben drängt als der Durchschnitt, auch rascher und weiter aufsteigen muß als der Durchschnitt.

Dieses Gefühl hat selbstverständlich keine wissenschaftliche Basis. Es ist nichts als eine moralisch begründete Täuschung, die ich den *Alger-Komplex** nennen möchte.

*Der medizinische Aspekt*

Zweitens erscheint vielen ungeschulten Beobachtern die Bedeutung des Ehrgeizes größer, als sie in Wirklichkeit ist, weil bei *vielen ehrgeizigen Leuten das Pseudo-Erfolgs-Syndrom festzustellen ist.*

Diese Pseudo-Erfolgreichen leiden unter Beschwerden wie Nervenzusammenbrüchen, Magengeschwüren und Schlaflosigkeit. Ein Magengeschwür – das Symptom einer erfolgreichen Karriere innerhalb eines Verwaltungsapparates – kann jedoch, ganz schlicht und einfach ausgedrückt, nur eine Folge übertriebenen Ehrgeizes sein.

Kollegen, die diese Situation nicht durchschauen, werden vielfach einen solchen Patienten als Opfer seiner Karriere betrachten (vgl. Kapitel 11) und annehmen, daß er die Spitze seiner Erfolgsleiter erklommen hat.

In Wirklichkeit haben diese Leute aber oft noch viele Stufen und viele Jahre des Aufstiegs vor sich.

* Ebd.

*Eine wichtige Unterscheidung*
Der Unterschied zwischen den Syndromen des Pseudo-Erfolges und den Symptomen, die ein Mann zeigt, der am Ende seiner Karriere steht, ist als *Peters Nuance* bekannt. Um solche Fälle richtig einzuordnen, brauchen Sie sich nur selbst zu fragen: «Leistet diese Person überhaupt noch irgendwelche nützliche Arbeit?» Lautet die Antwort:

a) Ja – dann hat er seine Stufe der Unfähigkeit noch nicht erreicht und weist deswegen nur das Pseudo-Erfolgs-Syndrom auf.
b) Nein – dann hat er seine Stufe der Inkompetenz erreicht und weist das Endplazierungs-Syndrom auf.
c) Weiß ich nicht – *Sie* haben Ihre Stufe der Unfähigkeit erreicht. Prüfen Sie sofort, ob bei Ihnen bereits die bekannten Symptome festzustellen sind!

## Abschließende Worte zum Ehrgeiz

Stehe niemals, wenn du sitzen kannst; laufe niemals, wenn du fahren kannst; strampel dich nicht ab, wenn du Protektion genießen kannst.

# 6. Gefolgsleute & Führer

Überlege dir, was vorausgeht und was folgt.
*P. Syrus*

*Päng, päng!*

Eine wichtige Aufgabe, der ich mich widmen muß, ist die Beseitigung verschiedener Irrtümer aus der vorwissenschaftlichen Ära der Hierarchologie, die immer noch in den Köpfen der Leute herumspuken.

Was beispielsweise könnte irreführender sein als der Spruch: «Nichts ist erfolgreicher als der Erfolg»?

Wie Sie bereits wissen, beweist die Hierarchologie eindeutig, daß *nichts so schnell versiegt wie der Erfolg*, wenn ein Mitarbeiter einmal die Stufe seiner Inkompetenz erklommen hat.

Später, wenn ich die schöpferische Unfähigkeit erläutere, werde ich nachweisen, daß *nichts erfolgreicher ist als das Versagen.*

In diesem Kapitel will ich jedoch vor allem den alten Spruch «Man muß ein guter Untergebener sein, um ein guter Vorgesetzter zu werden», untersuchen.

Dieser Satz ist nämlich typisch für die hierarchologischen Irrtümer, die durch Ämter und Büros geistern. Als zum Beispiel die Mutter George Washingtons gefragt wurde, welchem Umstand ihr Sohn seinen militärischen Erfolg verdanke, antwortete sie: «Ich lehrte ihn zu gehorchen.» So wurde Amerika wieder einmal mit einem unsinnigen Merkspruch beglückt. Wie soll denn wohl die Begabung zu führen, von der Fähigkeit zu gehorchen abhängig sein? Ebensogut könnte man behaupten, wer schwimmen will, muß auch in der Lage sein, unterzugehen.

*Vom Unterdrückten zum Unterdrücker*

Nehmen wir den denkbar einfachsten Fall: eine Hierarchie mit zwei Rängen. Derjenige, der stets willig alle Anweisungen ausgeführt hat, wird befördert und soll in seiner neuen Position nun plötzlich Anordnungen treffen.

Nach dem gleichen Prinzip geht es in komplexeren Hierarchien zu: Fähige Gefolgsleute in den unteren Rängen zeigen, daß sie das Zeug für eine Beförderung haben. Später entpuppen sie sich schließlich als unqualifizierte Führungskräfte.

Eine vor gar nicht langer Zeit angestellte Untersuchung über die Ursachen geschäftlicher Pleiten machte deutlich, daß 53 Prozent auf das Versagen des Managements zurückzuführen waren. An der Firmenspitze saßen ehemalige Gefolgsleute, die sich darin versucht hatten, auch einmal Führer zu sein.

Akte Militär, Fall Nr. 17. Captain N. Chatters erfüllte seine Verwaltungsaufgaben in einem Stützpunkt der Armee zufriedenstellend. Er arbeitete mit allen Dienstgraden gut zusammen und führte jeden Befehl exakt und willig aus. Er wurde zum Major befördert und mußte nun weitgehend in eigener Verantwortung arbeiten.

Aber Chatters konnte mit der Einsamkeit, die die Autorität notgedrungen mit sich bringt, einfach nicht fertig werden. Er trieb sich ständig bei seinen Untergebenen herum, schwätzte, erzählte Witze und störte sie bei der Arbeit. Er war einfach unfähig, jemand einen Befehl zu geben und ihm dann das weitere zu überlassen. Immer mischte er sich ungebeten mit Ratschlägen ein. Die ständigen Einmischungen führten dazu, daß seine Untergebenen die Lust an ihrer Arbeit verloren und ihre Leistung zurückging.

Chatters verbrachte auch viel Zeit damit, sich im Büro seines Vorgesetzten herumzudrücken. Wenn er keinen vernünftigen Grund finden konnte, plauderte er mit dessen Sekretärin. Da sie ihm nicht gut sagen konnte, er solle verschwinden und sie in Ruhe lassen, geriet sie mit ihrer Arbeit in Rückstand.

Nur um Chatters loszuwerden, schickte ihn der Colonel mit allerlei Aufträgen auf dem Stützpunkt herum.

In diesem Fall war ein guter Untergebener in eine Führungsposition versetzt worden, aber

a) er war unfähig zu führen;
b) er verminderte die Leistung seiner Untergebenen;
c) er vergeudete die Zeit seiner Vorgesetzten.

Akte Self-Made-Männer, Fall Nr. 2. Es ist eine Tatsache, daß in den meisten Hierarchien die Mitarbeiter mit den stärksten Führungsqualitäten keine leitenden Posten erhalten. Ich will dafür ein Beispiel anführen.

W. Wheeler war als Botenjunge mit Fahrrad bei dem Mercury-Botendienst angestellt. Er systematisierte seine Auslieferung in einem bisher nicht dagewesenen Maße. Er untersuchte beispielsweise jede mögliche Route in seinem Bereich und fertigte sich Karten an, auf denen alle Abkürzungsmöglichkeiten und engen Gassen verzeichnet waren. Mit Hilfe einer Stoppuhr stellte er die Intervalle der Verkehrsampeln fest und plante seine Wege so, daß er jede Verzögerung vermied.

Das Ergebnis war, daß er sein tägliches Pensum bei der Paketauslieferung zwei Stunden früher erledigte und die gewonnene Zeit damit zubrachte, sich in irgendein Café zu setzen und Lehrbücher über die Praxis der Betriebsführung zu studieren. Als er auch noch anfing, die Routen der übrigen Boten bei Mercury neu zu organisieren, wurde er gefeuert.

Es sah zunächst so aus, als sei er ein Versager und das Beispiel eines Super-Inkompetenten, der sich selber aus der Hierarchie ausschließt, ein lebendes Beispiel für die Theorie «Schlechter Untergebener – schlechter

Chef».

Es dauerte aber gar nicht lange, und Wheeler gründete ein eigenes Unternehmen, «Pegasus fliegender Bote». Schon drei Jahre später hatte er Mercury den Garaus gemacht.

Wir sehen also, daß eine besonders begabte Führungskraft ihren Weg nicht in einer etablierten Hierarchie machen kann. Sie bricht normalerweise aus der alten Organisation aus und fängt irgendwo anders ganz von vorne an.

AKTE BERÜHMTE NAMEN, FALL NR. 902. Der große Erfinder Thomas Alva Edison, als Zeitungsjunge wegen Unfähigkeit hinausgeworfen, gründete sein eigenes Unternehmen und leitete es sehr erfolgreich.

*Eine seltene Ausnahme*

Manchmal und unter ganz bestimmten Umständen kann es vorkommen, daß Führungsqualität erkannt wird. So wurden einmal während des Krieges bei einem nächtlichen Angriff alle Offiziere einer Heereseinheit getötet. Der Sergeant L. Dare übernahm das Kommando, warf den Feind zurück und führte seine Kameraden in Sicherheit. Noch an der Front wurde er befördert.

Im Frieden hätte Dare diese Beförderung niemals erreicht. Er zeigte zuviel Initiative. Er wurde nur deshalb befördert, weil das normale System von Rang und Dienstalter gewaltsam gestört worden war. Die Hierarchie war vernichtet oder zumindest zeitweise lahmgelegt.

*Doch wo bleibt das Prinzip?*

Sie sind jetzt vermutlich verwirrt und fragen sich, ob ich nicht das Peter-Prinzip unterminiere, denn es sagt selbstverständlich, daß ein kompetenter Angehöriger einer Hierarchie immer für eine Beförderung in Frage kommt. Doch das ist kein Widerspruch!

Wie wir in Kapitel 3 gesehen haben, werden die Fähigkeiten eines Mitarbeiters nicht von unbeteiligten Beobachtern wie Ihnen und mir bewertet, sondern durch den Arbeitgeber oder, heute viel häufiger, durch andere Angestellte in höheren Rängen der gleichen Hierarchie. In ihren Augen ist Führungsqualität gleich Insubordination und mangelnde Unterwürfigkeit gleich Unfähigkeit.

*Gute Untergebene werden keine guten Führer.* Kein Zweifel, der gute Untergebene kann viele Beförderungen erreichen, aber zum Führer wird er dadurch noch lange nicht. Die meisten Hierarchien sind heute so überladen mit Tradition und Gebräuchen und so eingeschnürt durch die Gesetze, daß selbst hohe Beamte und Angestellte nicht in der Lage sind, irgend jemand irgendwo einzusetzen; sie können weder die Ziele festlegen noch das Tempo bestimmen, mit dem sie angesteuert werden sollten. Sie richten sich lediglich nach Präzedenzfällen, halten sich an die Bestimmungen und marschieren an der Spitze der Herde. Solche Mitarbeiter sind der Galionsfigur am Bug eines Schiffes vergleichbar, die auf die Richtung, die das Schiff nimmt, ebensowenig Einfluß hat wie diese auf die Geschicke der Firma.

Es fällt nicht schwer, sich vorzustellen, wieviel Furcht und Schrecken in einem solchen Milieu das Erscheinen eines geborenen Führers auslöst. Dieses Gefühl wird als *Hypercaninophobia* (die Angst des Überlegenen, des *Top-Dog*) bezeichnet. Fortgeschrittene Hierarchologen sprechen präzise vom *Hypercaninophobia-Komplex* (die Angst, daß der Schwächere, der *Under-Dog*, zum Stärkeren wird).

# 7. Hierarchologie & Politik

Die Geschichte der Menschheit ist ein Ozean von Irrtümern,
in dem ab und zu einige seltene Wahrheiten
entdeckt werden können.
*C. de Beccaria*

Wir haben gesehen, wie das Peter-Prinzip in einigen einfachen Hierarchien arbeitet – in Schulen, Fabriken, Reparaturwerkstätten usw. Jetzt wollen wir die komplexeren Hierarchien in Politik und Regierung untersuchen.

Während einer meiner Vorlesungen wandte sich ein südamerikanischer Student, Caesare Innocente, an mich mit der Frage: «Herr Professor Peter, auf eines meiner Probleme habe ich während all meiner Studien keine Antwort gefunden. Ich weiß nicht, ob die Welt von schlauen Köpfen gelenkt wird, die uns – wie ihr Amerikaner sagt – vorwärtsbringen, oder nur von lauter Dummköpfen, die das bloß glauben.» Innocentes Frage faßt die Gedanken und Empfindungen vieler Menschen zusammen. Die Sozialwissenschaften haben darauf noch keine schlüssige Antwort geben können.

Kein Politwissenschaftler hat bisher die Arbeit der Regierungen befriedigend analysiert oder die politische Zukunft exakt vorhergesagt. Die Analysen der Marxisten haben sich als ebenso falsch erwiesen wie die der kapitalistischen Theoretiker. Meine Studien der *Vergleichenden Hierarchologie* haben zur Genüge gezeigt, daß kapitalistische, sozialistische und kommunistische Systeme durch die gleiche Anhäufung überflüssigen und unfähigen Personals charakterisiert sind. Obwohl meine Forschungsarbeit im Augenblick noch nicht abgeschlossen ist, übergebe ich das Folgende als Zwischenbericht. Wenn entsprechende Förderungsgelder zur Verfügung gestellt werden, werde ich meine Untersuchungen zur Vergleichenden Hierarchologie abschließen. Danach werde ich mich mit der *Universal-Hierarchologie* beschäftigen.

## Zwischenbericht

Bei jeder wirtschaftlichen oder politischen Krise ist eines gewiß: Viele erfahrene Experten verschreiben ebenso viele verschiedene Heilmittel.

Der Staatshaushalt ist nicht ausgeglichen. A. sagt: «Steuern erhöhen»; B. schreit: «Steuern senken».

Ausländische Investoren verlieren das Vertrauen in den Dollar. C. verlangt Kreditrestriktionen, während D. für Inflation plädiert.

In verschiedenen Städten herrschen Unruhen. E. empfiehlt, die Armen zu förden; F. verlangt, die Reichen zu stützen.

Eine fremde Macht rasselt mit dem Säbel. G. sagt: «Schreckt sie ab»; H. sagt: «Macht ihnen Zugeständnisse».

*Warum dieses Durcheinander?*

1. Viele der Experten haben ihre Stufe der Unfähigkeit bereits erreicht: Ihr Rat ist unsinnig oder irrelevant.
2. Einige haben vernünftige Ideen, sind aber nicht fähig, aus ihnen etwas zu machen.
3. In jedem Fall können weder die vernünftigen noch die unsinnigen Vorschläge zielstrebig realisiert werden, weil die Regierungsmaschinerie ein riesiger Komplex ineinander verschlungener Hierarchien ist, der durch und durch von Unfähigkeit beherrscht wird.

Betrachten wir zwei Zweige der Regierung – die Legislative, die den gesetzlichen Rahmen absteckt, und die Exekutive, die den Gesetzen mit ihrer Armee von Beamten und Angestellten Respekt zu verschaffen sucht.

## Die Gesetzgebung

Die meisten modernen Gesetzgebungsorgane werden – selbst in undemokratischen Staaten – durch allgemeine Wahlen berufen. Man sollte annehmen, daß die Wähler schon in ihrem eigenen Interesse die fähigsten Politiker heraussuchen und wählen, um sich von ihnen in der Hauptstadt vertreten zu lassen. Das ist in vereinfachter Form eigentlich ja auch die Theorie der repräsentativen Demokratie. In Wirklichkeit ist der Prozeß allerdings etwas komplizierter.

Charakteristisch für die gegenwärtige politische Ordnung ist das Parteiensystem. Manche Länder haben nur eine offizielle Partei; manche haben zwei; andere haben mehrere. In naiven Darstellungen wird eine politische Partei gewöhnlich als Zusammenschluß gleichgesinnter Menschen geschildert, die sich zusammengefunden haben, um gemeinsame Ziele zu erreichen. Das stimmt nicht. Diese Aufgabe wird heute einzig und allein von der *Lobby* wahrgenommen – und es gibt ebenso viele Lobbies, wie es besondere Interessen gibt.

Eine politische Partei ist heutzutage vor allem ein Apparat zur Auswahl von Kandidaten mit der Aufgabe, diese in Amt und Würden zu bringen.

*Eine aussterbende Gattung*

Natürlich trifft man auch hin und wieder noch einen «unabhängigen» Kandidaten, der dank eigener Bemühungen und ohne eine Partei im Rükken gewählt wird. Die ungeheuren Kosten einer Wahlkampagne machen diese Figuren schon auf der lokalen Ebene oder im regionalen Bereich zu einer seltenen Erscheinung. Im nationalen Rahmen sind sie völlig unbekannt. Man kann ohne Übertreibung sagen, daß bei den gegenwärtigen politischen Verhältnissen die Auswahl der Kandidaten ausschließlich in der Hand der Parteien liegt.

### *Die Partei-Hierarchie*

Wie viele ihrer Mitglieder wissen, ist jede politische Partei eine Hierarchie. Zugegebenermaßen arbeiten die meisten Mitglieder ehrenamtlich und zahlen oft genug noch für dieses Privileg. Trotzdem gibt es eine ausgeprägte Rangordnung und feste Regeln für den Aufstieg von einer Stufe zur nächsten.

Bisher habe ich nur gezeigt, wie das Peter-Prinzip bei bezahlten Arbeitskräften funktioniert. Sie werden nun sehen, daß es für den oben beschriebenen Typ einer Hierarchie ebenfalls gilt.

In einer politischen Partei ist Kompetenz auf einer bestimmten Rangstufe ein ebenso unentbehrliches Requisit des Aufstiegs wie in einer Fabrik oder in der Armee. Ein fähiger Propagandist, der von Tür zu Tür zieht und neue Wähler wirbt, kann mit Beförderung rechnen. Vielleicht überträgt man ihm die Organisation eines Propaganda-Teams. Der erfolglose oder den Wählern unsympathische Propagandist dagegen putzt weiter Türklinken und schreckt Wähler ab.

Wer flott Briefkuverts mit Propagandamaterial vollstopft, wird vielleicht Leiter einer Gruppe von Kuvertleckern. Ein unfähiger Briefefüller dagegen kommt nicht voran, füllt langsam und ungeschickt die Umschläge, steckt zwei Prospekte in einen Brief und dafür in andere gar keinen, faltet die Blätter falsch, läßt sie auf den Boden fallen etc. Er macht so weiter, solange er dieser Partei treu bleibt.

Wer sich als fähig erwiesen hat, Gelder für die Parteikasse zu mobilisieren, schafft es vielleicht, in das Komitee aufgenommen zu werden, das die Kandidaten nominiert. Obwohl er ein guter Almosenjäger war, braucht er nicht notwendigerweise auch ein guter Menschenkenner mit einem Blick für fähige Gesetzemacher zu sein. Es könnte daher passieren, daß er den falschen Kandidaten unterstützt.

Selbst wenn die Mehrzahl des Nominierungsausschusses aus guten Menschenkennern besteht, so wird sie dennoch die Kandidaten *nicht nach ihrer potentiellen Weisheit als Gesetzgeber auswählen, sondern danach, ob sie fähig erscheinen, die Wahl zu gewinnen.*

### *Der große Schritt: Kandidat für die Parlamentswahl*

In alten Zeiten, als die entscheidenden Wahlschlachten noch in öffentlichen Massenversammlungen geschlagen wurden und die Kunst der freien

Rede entsprechend hoch im Kurs stand, konnte ein fesselnder Redner auf die Nominierung durch seine Partei rechnen. Der beste Redner unter den Kandidaten hatte wiederum die größten Aussichten, den Sitz zu gewinnen. Aber natürlich war die Fähigkeit, einer Masse von zehntausend Wählern zu schmeicheln, sie zu amüsieren und durch Stimme und Gestik in Schwung zu bringen, nicht unbedingt auch mit der Fähigkeit gepaart, logisch zu denken, nüchtern zu diskutieren und über die Angelegenheiten der Nation vernünftig abzustimmen.

Seit das Fernsehen im Wahlkampf eine so wichtige Rolle spielt, liegt für die Parteien die Versuchung nahe, den Kandidaten aufzustellen, der auf dem Bildschirm am besten wirkt. Doch die Gabe, mit Hilfe von Schminke und Ausleuchtung ein attraktives Bild auf die Mattscheibe zu zaubern, ist noch lange keine Garantie für einen befriedigenden Auftritt im Parlament.

Sowohl unter dem alten wie unter dem neuen System hat so mancher mit dem Sprung vom Kandidaten zum Abgeordneten gleichzeitig auch seine Stufe der Inkompetenz, der Unfähigkeit als Gesetzgeber erreicht.

*Unfähigkeit in der Gesetzgebung*

Die gesetzgebenden Körperschaften sind selber wieder eine Hierarchie. Ein gewählter Abgeordneter, der sich schon als Hinterbänkler unfähig erweist, kommt nicht vorwärts.

Aber ein fähiger Abgeordneter kommt für den Aufstieg in eine Position mit mehr Machtbefugnissen in Frage. Er kann Mitglied eines wichtigen Ausschusses, Ausschußvorsitzender oder – je nach Konstruktion des politischen Systems – auch Minister werden. In jedem dieser Ämter kann er sich dann möglicherweise als unfähig erweisen.

Wir sehen also, daß das Peter-Prinzip im gesamten Bereich der Legislative wirksam ist – vom einfachsten Parteifunktionär aufwärts bis zu den Inhabern der höchsten Ämter. Jeder von ihnen hat die Neigung, bis zu seiner Stufe der Inkompetenz aufzusteigen, und bei jedem Amt besteht die Wahrscheinlichkeit, daß es früher oder später von jemandem übernommen wird, der unfähig ist, seine Aufgabe zu erfüllen.

## Die Exekutive

Sie werden jetzt sicherlich keinen Zweifel mehr daran haben, daß das Prinzip auch für die Exekutive zutrifft. Es gilt für Regierungsstellen, Behörden und Ämter auf Bundes-, Länder- und Gemeindeebene. Ob es sich um die Polizei oder die Armee handelt – immer sind es festgefügte Hierarchien mit bezahlten Beamten und Angestellten. Sie alle sind notwendigerweise vollgestopft mit Unfähigen, die ihre täglich anfallende Arbeit nicht erledidigen können. Sie werden nicht befördert, aber man wird sie auch nicht mehr los.

Jede Regierung – ob in einer Demokratie oder einer Diktatur, ob eine kommunistische oder westliche Bürokratie – muß zusammenbrechen, wenn ihre Hierarchie einen unerträglichen Reifegrad* erreicht hat.

*Gleichmacherei und Inkompetenz*

Die Lage ist heute schlimmer als zu den Zeiten, in denen die Ernennungen im Verwaltungsdienst und in der Armee reine Günstlingswirtschaft waren. Das mag in einem Zeitalter, das die Gleichheit so betont, nach Ketzerei klingen, aber vielleicht erlauben Sie mir dennoch, es zu erläutern.

Stellen wir uns ein Land namens Protektia vor, wo Eignungsprüfungen, gleiche Startchancen und Beförderung nach Verdienst unbekannte Begriffe sind. Protektia hat ein starres Klassensystem, bei dem die Spitzenpositionen in allen Hierarchien – ob in der Regierung, der Armee, im Geschäftsleben oder innerhalb der Kirche – den Mitgliedern der herrschenden Klasse vorbehalten sind.

Sie werden bemerkt haben, daß ich den Ausdruck «Oberklasse» vermeide, weil dieser Begriff unerfreuliche Assoziationen weckt. Er wird im allgemeinen für eine Gruppe verwendet, die ihren Herrschaftsanspruch aus aristokratischer oder vornehmer Herkunft ableitet. Aber meine Schlußfolgerungen gelten ebenso für Systeme, in denen sich die herrschende Klasse von den unterdrückten Gruppen durch ihre Religion, Körpergröße, Rasse, Sprache, ihren Dialekt oder ihre politische Richtung unterscheidet.

Es spielt keine Rolle, welches dieser Kriterien für Protektia zutrifft. Wichtig ist nur, daß es dort eine herrschende und eine untergeordnete Klasse gibt. Das folgende Diagramm zeigt eine für Protektia typische Hierarchie mit der klassischen Pyramidenform.

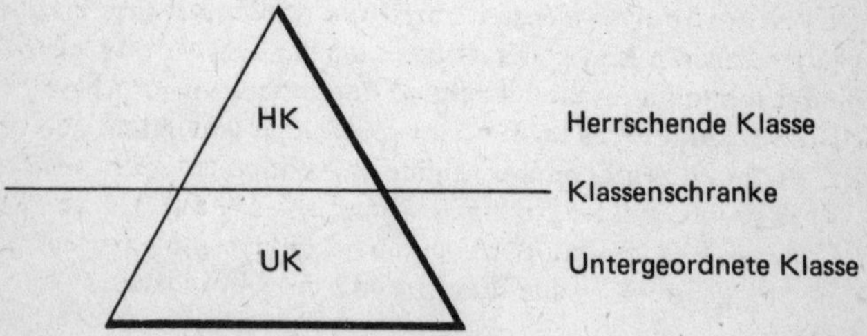


* Die Effizienz einer Hierarchie ist umgekehrt proportional zu ihrem Reifequotienten RQ

$$RQ = \frac{\text{Anzahl der Beschäftigten im Zustand der Inkompetenz} \times 100}{\text{Gesamtzahl der Beschäftigten in der Hierarchie}}$$

Wenn der RQ-Quotient 100 erreicht, kann offensichtlich überhaupt keine sinnvolle Arbeit mehr geleistet werden.

Die unteren Ränge (im Diagramm mit UK bezeichnet) werden von Beschäftigten eingenommen, die der untergeordneten Klasse angehören. Gleichgültig, wie brillant einzelne von ihnen auch sein mögen: keiner von ihnen kann die Klassenschranke überwinden.

Die oberen Positionen (das mit HK bezeichnete Gebiet) werden von Vertretern der herrschenden Klasse eingenommen. Sie beginnen ihre Karriere nicht am unteren Ende der Hierarchie, sondern oberhalb der Klassenschranke.

Im unteren Bereich (UK) gibt es nun ohne Zweifel viele Beschäftigte, die nie weit genug aufsteigen können, um ihre Stufe der Unfähigkeit zu erreichen. Sie werden im Verlauf ihrer gesamten Karriere ständig mit Aufgaben betraut sein, die sie befriedigend erfüllen können. Niemand wird über das Gebiet UK hinaus befördert. So behält dieser Bereich der Hierarchie seine fähigen Mitarbeiter stets für sich und kann sie kontinuierlich einsetzen.

Die Existenz einer Klassenschranke sichert in den unteren Bereichen einer Hierarchie eine höhere Leistung, als sie ohne diese Grenze erreichbar wäre.

Nun wollen wir den Bereich HK oberhalb der Klassenschranke betrachten. Wie wir bereits gesehen haben, sind die Aussichten eines Mitarbeiters, seine Stufe der Unfähigkeit zu erreichen, der Zahl der Rangstufen in der Hierarchie direkt proportional. Je mehr Rangstufen es gibt, um so mehr Inkompetenz gibt es. Der Bereich HK bildet im allgemeinen eine geschlossene Hierarchie mit wenigen Rängen. Viele der dort Beschäftigten werden deshalb ihre Stufe der Unfähigkeit nie erreichen.

Im übrigen wird die Chance, mit der Karriere bereits nahe dem Gipfel beginnen zu können, eine Anzahl hochbefähigter Mitarbeiter anlocken, die nie und nimmer gekommen wären, wenn sie ganz unten hätten anfangen müssen.

Betrachten wir die Situation aus einem anderen Blickwinkel. Im Kapitel 9 will ich über Leistungsvergleiche sprechen und dabei zeigen, daß die Zuführung frischen Bluts in den oberen Rängen der einzige erfolgversprechende Weg ist, die Leistung einer Hierarchie zu erhöhen. In den meisten der heutigen Systeme finden solche Blutübertragungen von Zeit zu Zeit statt – sei es durch eine Reorganisation oder in Perioden rascher Expansion. In den Hierarchien Protektias sind sie dagegen ein kontinuierlicher Prozeß: Neue Mitarbeiter beginnen regelmäßig weit oberhalb der Klassenschranke.

Ohne Zweifel sind die Hierarchien in Protektia in den Bereichen HK und UK, also oberhalb und unterhalb der Klassenschranke, leistungsfähiger als Hierarchien in einer klassenlosen, am Ideal der Gleichheit orientierten Gesellschaft.

## Ein zeitgenössisches Klassensystem

Ehe ich beschuldigt werde, bei uns die Einführung einer Klassengesellschaft zu empfehlen, möchte ich darauf hinweisen, daß wir bereits eine haben. Dabei ist die Klassenzugehörigkeit keine Frage der Geburt, sondern abhängig von der Universität, die jemand besucht hat. Ein Absolvent von Harvard wird beispielsweise als «Harvard Man» bezeichnet, wer aber sein Diplom einem XY-College verdankt, hat damit noch lange kein Empfehlungsschreiben in der Hand. In manchen Hierarchien hat der ehemalige Student irgendeines obskuren Colleges – unabhängig davon, wie befähigt er sein mag – nicht die gleichen Aufstiegschancen wie der Absolvent der vornehmen Schulen.

Das ändert sich allerdings. Überall ist die Tendenz zu spüren, einen Universitätsabschluß als Vorbedingung für mehr und mehr Berufe und Posten zu machen, selbst auf den untersten Ebenen bestimmter Hierarchien. Das steigert die Aufstiegschancen eines jeden Graduierten und verringert den klassen-bildenden Wert der Prestige-Diplome.

Meine eigenen Studien zu diesem Phänomen sind wegen des beklagenswerten Mangels an Forschungsmitteln leider unvollständig. Dennoch möchte ich die Vorhersage wagen, daß von Jahr zu Jahr jeder Universitätsabsolvent steigende Chancen hat, seine Stufe der Inkompetenz zu erreichen – sei es in der Privatwirtschaft oder innerhalb des Regierungsapparates.

# 8. Hinweise & Vorhersagen

Dichter sind die Oberpriester
einer unbegreiflichen Inspiration.
*P. B. Shelley*

Es ist so Sitte, jedes wissenschaftliche Werk mit einer Bibliographie zu zieren, einer Liste früherer Schriften zum gleichen Thema. Der Sinn mag sein, die Befähigung des Lesers zu prüfen, indem man ihm einen anregenden Katalog von Büchern vorlegt. Der Zweck der Übung mag aber auch der sein, die Kompetenz des Autors zu dokumentieren, indem man dem Leser den Berg von Schlacken vorführt, der beiseite geräumt werden muß, um ein Goldkörnchen Wahrheit zu finden.

Da dieses das erste Buch zum Thema ist, gibt es auch keine der üblichen Bibliographien. Da mir Arglist nicht liegt, bekenne ich mich zu diesem offenkundigen Mangel an Gelehrsamkeit in der festen Überzeugung, daß die Zukunft meine unorthodoxe Haltung rechtfertigen wird.

Ungeachtet dieser Überlegungen habe ich mich entschlossen, einige Autoren zu erwähnen, die zwar nie etwas zu diesen Fragen geschrieben haben, es aber getan haben könnten, wenn sie daran gedacht hätten. Es ist deshalb eine Bibliographie von Vor-Hierarchologen.

Die unbekannten Erfinder einiger Sprichwörter hatten einen intuitiven Sinn für die Inkompetenz-Theorie.

«Schuster bleib bei deinen Leisten» ist eine deutliche Warnung an den Schustergesellen, sich vor einer Beförderung zum Vorarbeiter der Schuhreparaturwerkstatt zu hüten. Die Hand, die geschickt mit Ahle und Hammer umgeht, könnte sehr wohl den Dienst versagen, wenn sie mit Federhalter, Lieferfristen und Arbeitsplänen zu tun hat.

«Viele Köche verderben den Brei.» Je mehr Leute an einem bestimmten Projekt beteiligt sind, um so größer ist die Gefahr, daß wenigstens einer von ihnen seine Stufe der Unfähigkeit erreicht hat. Ein fähiger Kartoffelschäler, der seine Stufe der Unfähigkeit als Koch erreicht hat, könnte beispielsweise zuviel Salz in die Suppe schütten und damit die gute Arbeit von sechs anderen Köchen verderben, die daran mitgearbeitet haben.

«Die Arbeit der Hausfrau ist nie beendet» ist ein Kommentar zu der Tatsache, daß viele junge Mädchen ihre Stufe der Unfähigkeit als Hausfrauen erreichen.

In seinem ‹*Rubaijat*›* beklagt sich Omar Chaijam bitter über die starke Konzentration von Unfähigkeit in schulischen und kirchlichen Hierarchien.

* ‹*Strophen des Omar Chaijam*›. Dt. von A. F. Graf von Schack. Stuttgart 1878.

Den Hörsaal mancher Weisen, mancher Frommen
Hab ich besucht, von Wissensdurst entglommen,
Doch durch die Tür, durch die ich eingegangen,
Stets bin ich auch herausgekommen.

Immer wieder bin ich auf einen «hierarchischen Instinkt» des Menschen gestoßen, seinen unwiderstehlichen Drang, sich in eine Rangordnung einzufügen. Manche Kritiker haben die Existenz eines solchen Instinkts geleugnet. Pope dagegen hat ihn schon vor zwei Jahrhunderten erkannt und in ihm sogar den Ausdruck eines göttlichen Prinzips gesehen.

Ordnung ist des Himmels erstes Gebot; und ich bekenne,
Manche sind und müssen größer sein als die anderen.
(‹*Über den Menschen*›, Epistel IV, II. 49–50)

Er beschrieb die Befriedigung, die man dadurch erlangen kann, daß man seine Arbeit sachverständig erledigt:

Wißt, daß alles Glück, das der einzelne findet
Und Gott und Natur der Menschheit schenkten,
Die Freuden des Geistes, alle Freuden der Sinne
In den drei Wörtern liegen: Gesundheit, Frieden, Kompetenz.
(Ebd., II. 77–80)

Pope verkündet eines der grundlegenden Prinzipien der Hierarchologie:

Was will der Mensch? Aufwärts will er streben,
Und fast den Engeln gleich sein eben.
(Ebd., Epistel I, II. 173–74)

Mit anderen Worten: kaum ein Beschäftigter ist zufrieden damit, auf seiner Stufe der Kompetenz zu verharren. Er ist versessen darauf, eine Aufgabe zu übernehmen, die seine Fähigkeit übersteigt.

Das Bild, das S. Smith von der beruflichen Inkompetenz gezeichnet hat, ist so anschaulich, daß es fast zu einem Gemeinplatz geworden ist:

«Wenn man die verschiedenen Rollen im Leben durch verschieden geformte Löcher in einer Tischplatte darstellen wollte – runde, dreieckige, quadratische und rechteckige – und die Personen, die diese Rollen übernommen haben, als Holzstücke in derselben Form, so würde man in der Regel feststellen, daß die dreieckige Person in dem quadratischen Loch sitzt, die rechteckige im dreieckigen und eine quadratische Figur sich in ein rundes Loch gequetscht hat. Der Amtsinhaber und das Amt, der Arbeiter und die Arbeit passen selten so gut zusammen, daß wir sagen könnten, sie seien füreinander geschaffen.»*

W. Irving betont, daß im öffentlichen Dienst allgemein «schwerfällige Geister vorgezogen werden und vor allem mit Ehrenämtern in den Gemeinden überhäuft werden». Er erkannte nicht, daß jemand hell genug sein kann für einen untergeordneten Posten, aber farblos bleibt, wenn er zur Prominenz aufsteigt. Schließlich versagt auch eine Kerze, die beim Diner die Tafel angenehm beleuchtete, ihren Dienst, wenn sie, in eine Laterne gesteckt, eine Straßenecke erleuchten soll.

Karl Marx hat ohne Zweifel die Existenz von Hierarchien erkannt, scheint aber geglaubt zu haben, daß sie von den Kapitalisten beherrscht werden. Bei seinem Verlangen nach einer nicht-hierarchischen Gesellschaft übersah er, daß der Mensch von Natur aus hierarchisch ist. Er will und muß Hierarchien haben, ob sie nun patriarchalisch, feudal, kapitalistisch oder sozialistisch sind. Diesen Punkt hat Pope bei weitem klarer gesehen als Marx.

Mit grandioser Inkonsequenz prophezeit Marx dann das herrschende Prinzip seiner nicht-hierarchischen Traum-Gesellschaft: «Jeder nach seinen Fähigkeiten, jedem nach seinen Bedürfnissen.» Das bedeutet aber nichts anderes als die Schöpfung einer Zwillings-Hierarchie von Fähigkeit und Bedürfnis.

Selbst wenn wir diesen Bruch im marxistischen Gedankengebäude übersehen, zeigt uns das Peter-Prinzip, wie wenig wir erwarten dürfen, daß «jeder nach seinen Fähigkeiten» arbeitet. Das ließe sich nur erreichen, wenn man ständig alle Arbeitskräfte auf einer Stufe der Kompetenz hielte. Das aber ist unmöglich. Jeder Mitarbeiter steigt bis zu seiner Stufe der Unfähigkeit auf. Wenn er diese einmal erreicht hat, ist er nicht mehr fähig, eine Leistung, die seinen Fähigkeiten entspricht, zu erbringen.

Wir sehen also, daß die marxistische Theorie nichts als Schaum ist und nur eine andere Art Opium fürs Volk. Keine Regierung, die versucht hat, sie anzuwenden, war jemals in der Lage, sie in die Praxis umzusetzen. Marx muß als unwissenschaftlicher Visionär von dannen gejagt werden.

Dichter sind da wohl doch die besseren Wissenschaftler. Dickinsons Aphorismus

> Erfolg scheint denen am süßesten,
> die niemals davon kosteten,

* Smith, Sidney (1771–1845): ‹*Sketches of Moral Philosophy*›, 1850.

ist psychologisch korrekt, wenn man den Begriff «Erfolg» in seiner hierarchologischen Bedeutung als Endstation einer Karriere, die auf der Stufe der Unfähigkeit endet, gebraucht.

In ‹*Alice im Spiegelreich*› weist C. W. Dodgson auf die herrschende Inkompetenz hin, wenn er die Königin sagen läßt: «So sehen Sie doch – da laufen wir mit aller Kraft, nur um auf der Stelle zu treten.» Mit anderen Worten: Wenn ein Beschäftigter erst einmal seine Stufe der Unfähigkeit erreicht hat, bringen ihm auch die verzweifeltsten Bemühungen keine weitere Beförderung mehr ein.

S. Freud ist der Entdeckung des Peter-Prinzips wohl näher gekommen als jeder andere frühere Autor. Bei der Beobachtung von Fällen einer Neurose, Angst, psychosomatischen Erkrankung, Amnäsie und Psychose sah er die quälenden Symptome dessen, was wir als allgemeine Lebens-Unfähigkeit bezeichnen können.

Diese Lebensuntüchtigkeit führt natürlich zu starker Frustration. Freud, im Grunde seines Herzens ein Satiriker, zog es vor, diese Frustration vor allem mit Begriffen aus dem Bereich der Sexualität zu beschreiben, also etwa mit dem Penisneid, dem Kastrationskomplex und dem Ödipuskomplex. Er deutete – anders ausgedrückt – an, die Frauen wären frustriert, weil sie keine Männer seien; die Männer, weil sie keine Kinder zur Welt bringen; die kleinen Jungen, weil sie nicht ihre Mütter heiraten könnten usw.

Freud griff deshalb daneben, weil er dachte, daß Frustration aus der Sehnsucht nach einer wünschenswerten Situation herrührt (Mann oder Vater sein, die Mutter heiraten, den Vater zum Mann haben usw.). Anders ausgedrückt sah er darin ein Verlangen nach Beförderung. Die Hierarchologie zeigt uns jetzt, daß die Frustration umgekehrt eine Folge des Aufstiegs ist.

Freud übersah dies wegen seiner überwiegend nach innen gerichteten Betrachtungsweise. Er beschränkte sich darauf, zu erforschen, was im Innern seiner Patienten vor sich ging (oder das, von dem er glaubte, daß es vor sich ging). Umgekehrt beschäftigt sich die Hierarchologie mit dem, was in der Umwelt des Patienten geschieht. Sie studiert das soziale Gefüge, in dem der Mensch existiert, und erklärt deshalb realistisch das Verhalten des Menschen innerhalb dieser Ordnung. Während Freud seine Tage damit verbrachte, in den dunklen Winkeln des Unbewußten herumzustöbern, habe ich meine Bemühungen dem beobachtbaren und meßbaren menschlichen Verhalten gewidmet.

Die freudianischen Psychologen und ihr Versagen beim Studium des menschlichen Verhaltens könnte man mit jemandem vergleichen, der einen elektronischen Computer sieht und ihn zu begreifen versucht, indem er Spekulationen über seine innere Struktur und Funktionsweise anstellt, ohne zu fragen, wofür dieses Gerät benutzt wird.

Dennoch sollte Freuds Pionierleistung nicht geschmälert werden. Obgleich er vieles mißverstand, entdeckte er andererseits auch viel. Er sah ständig in seine Patienten hinein und wurde berühmt durch seine überzeugende Theorie, daß der Mensch sich seiner eigenen Motivationen nicht bewußt ist, seine eigenen Empfindungen nicht versteht und sich deshalb auch nicht von seiner Frustration befreien kann. Die Theorie war unanfechtbar, weil niemand wußte und rational über Natur und Inhalt seines Unbewußten diskutieren konnte.

Mit einem Anflug professioneller Genialität erfand Freud die Psychoanalyse und redete dabei den Patienten ein, er könne ihnen das Unbewußte bewußt machen.

Doch dann ging er zu weit. Er psychoanalysierte sich selbst und behauptete, er sei sich seines eigenen Unbewußten bewußt. (Einige Kritiker meinen heute, das einzige, was er jemals geleistet habe, sei gewesen, seinen Patienten sein eigenes, nämlich Freuds, Unbewußtes bewußt gemacht zu haben.) Auf jeden Fall sägte er mit dieser Selbstanalyse den Ast ab, auf dem er saß.

Wenn Freud die Hierarchologie erfaßt hätte, würde er diesen letzten Schritt vermieden und damit niemals die Stufe seiner Unfähigkeit erklommen haben.

Indem er so das gewaltige Gebäude, das er auf der Undurchdringlichkeit des Unbewußten errichtet hatte, selbst unterminierte, bereitete Freud den Weg für S. Potter, seinen großen Nachfolger.

Potter ist ebenso wie Freud ein satirischer Psychologe (oder ein psychologischer Satiriker). Man kann ihn ohne Bedenken neben Freud stellen, was die Schärfe der Beobachtung und die Kühnheit anbetrifft, mit der er eine bildhafte und einprägsame Terminologie schuf, um zu beschreiben, was er sah.

Wie Freud beobachtete und klassifizierte Potter zahlreiche Erscheinungsformen der Frustration. Die Grundstimmung der Frustration nannte er «eins-runter» sein, und das überschwengliche Gefühl, das die Beteiligung der Frustration auslöst, bezeichnete er als «eins-hoch» sein. Er nimmt an, daß dem Menschen ein angeborener Hang innewohnt, aus dem ersten in den zweiten Zustand hinüberzuwechseln. Die Technik dieser Bewegung taufte er «Eins-Hochkommen».

Der wichtigste Unterschied zwischen den beiden Männern ist der, daß Potter Freuds Doktrin von der unbewußten Motivation ablehnt. Er beschreibt menschliches Verhalten als unbewußten Drang, andere Leute auszustechen, über die Umstände zu triumphieren und so eins-höherzukommen. Ebenso weist Potter Freuds Dogma zurück, daß der frustrierte Patient fachmännische Hilfe braucht. Er legte eine neue Art Do-it-yourself-Psychologie dar. Er lehrt verschiedene Tricks, Kniffe und Spielchen, die den Patienten, der den rechten Gebrauch davon macht, befähigen, eins-hochzukommen.

Um Potters elegant dargelegte Theorie zusammenzufassen: die Eins-

Hoch-Leute – der Lebenskünstler, der Spieler – verwenden alle verschiedene anstößige Techniken, um sich in gesellschaftlichen, geschäftlichen, beruflichen oder sportlichen Hierarchien nach oben zu hangeln.

Potter schreibt so unterhaltsam, daß man leicht die zentrale Schwäche seines Systems übersieht. Sie liegt in der Annahme, daß der Eins-Hoch-Mann nur genügend Tricks lernen muß, um beständig aufzusteigen und dauernd eins-hoch zu sein.

In Wirklichkeit kann auch noch so viel Eins-Hochkommen niemanden über seine Stufe der Unfähigkeit hinaus befördern. Das einzige Ergebnis dieser Technik kann sein, ihm dazu zu verhelfen, diese Stufe früher als sonst zu erreichen. Einmal dort angekommen, befindet er sich in einer Eins-Runter-Situation, aus der ihn noch soviel Lebenskunst nicht mehr befreien kann.

Beständiges Glück kann man nur dadurch erlangen, daß man die letzte Beförderung vermeidet. Dazu sollte man sich eine Sprosse auf der Karriereleiter aussuchen, wo man das «Eins-Hochkommen» aufgibt und statt dessen das praktiziert, was Potter das «Einmal-Aufhören» genannt haben würde. Ich werde später, im Kapitel über schöpferische Unfähigkeit, darauf hinweisen, wie das zu schaffen ist. Inzwischen muß ich aber Potter als einen wirklich großen Theoretiker ehren, der geschickt die Lücke zwischen der Freudschen Ethik und dem Peter-Prinzip überbrückte.

Der bedeutende Sozialtheoretiker C. N. Parkinson hat das Phänomen der Personalanhäufung in Hierarchien treffend beobachtet und amüsant geschildert. Aber er versucht die wachsende Pyramide, wie er sie nennt, damit zu erklären, daß Vorgesetzte die Strategie des «Teile und herrsche» anwenden und so die Hierarchie ineffektiv machen, nur um sich selber zu erhöhen.

Diese Theorie stimmt aus folgenden Gründen nicht:

Erstens unterstellt sie Absicht und planmäßiges Handeln auf seiten der Vorgesetzten. Meine Untersuchungen zeigen aber, daß viele leitende Angestellte oder Beamte unfähig sind, irgendeinen brauchbaren Plan zu formulieren, sei es um zu teilen, zu herrschen oder irgendein anderes Vorhaben durchzuführen.

Zweitens ist das Phänomen, das Parkinson beschreibt – Überbesetzung und Unterproduktion –, häufig den Interessen des leitenden Personals und des Managements diametral entgegengesetzt. Die Leistung sinkt so stark ab, daß das Unternehmen zusammenbricht und die Verantwortlichen auf der Straße liegen. In öffentlichen Hierarchien werden sie von Parlamentsausschüssen oder Untersuchungskommissionen geplagt und gedemütigt, die Verschwendung und Unfähigkeit ans Tageslicht zerren. Man kann sich kaum vorstellen, daß sie sich selber absichtlich auf diese Art schaden wollen.

Drittens ist der Gewinn des Unternehmens (von anderen Dingen einmal abgesehen) um so höher, je weniger Geld für die Löhne der Untergebenen aufgewendet wird. Um so mehr Geld steht dann für Gehälter, Bonus, Dividende und sonstige Vergünstigungen zugunsten der Führungsspitze zur Verfügung. Wenn die Hierarchie mit tausend Angestellten funktioniert, hat das Management wenig Anlaß, zwölfhundert zu beschäftigen.

Nehmen wir jedoch einmal an, die Hierarchie arbeitet mit tausend Angstellten nicht befriedigend. Wie das Peter-Prinzip zeigt, befinden sich viele oder die meisten der leitenden Männer auf ihrer Stufe der Unfähigkeit. Sie können nichts mehr tun, um die Lage mit Hilfe der bereits vorhandenen Belegschaft zu verbessern. Jeder gibt ja schon sein Bestes. In dem verzweifelten Bemühen, die Leistung dennoch zu steigern, heuern sie neue Leute an. Wie in Kapitel 3 gezeigt wurde, kann eine Erhöhung der Mitarbeiterzahl eine zeitlich begrenzte Verbesserung mit sich bringen. Aber der Beförderungsmechanismus wirkt sich bald auch bei den Neulingen aus, die dann ebenfalls zu ihrer Stufe der Unfähigkeit aufsteigen. Der scheinbar einzige Ausweg ist dann abermals eine Erhöhung des Personalbestandes. Es folgt ein neuer Zwischenspurt und ein weiterer schrittweiser Rückfall in die Ineffektivität.

Das ist der Grund, weshalb es keine direkte Beziehung zwischen der Zahl der Mitarbeiter und der geleisteten nützlichen Arbeit gibt. Die Vermehrung des Personals kann nicht durch Parkinsons Verschwörungs-Theorie erklärt werden. Sie resultiert aus dem ehrlichen, wenn auch vergeblichen Bemühen der höhergestellten Mitglieder der Hierarchie, die Leistung zu steigern.

Ein weiterer Punkt: Parkinson gründete seine Theorie auf die *Cheops- oder Feudal-Hierarchie.*

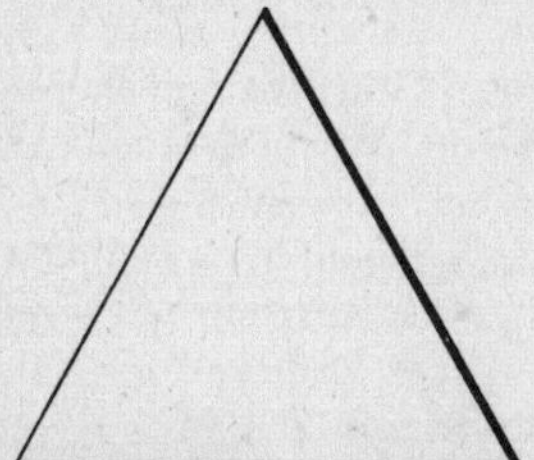

***Die Cheops- oder Feudal-Hierarchie***

Der Grund dafür liegt darin, daß Parkinson seine Entdeckung bei der Armee machte, wo überholte Traditionen und Organisationsmethoden ihre stärkste Stütze finden.

Natürlich ist die Feudal-Hierarchie noch nicht ausgestorben, aber ein vollständiges hierarchologisches System muß auch die Existenz verschiedener anderer hierarchischer Gebilde zur Kenntnis nehmen und erläutern. So gibt es beispielsweise die *fliegende T-Formation*:

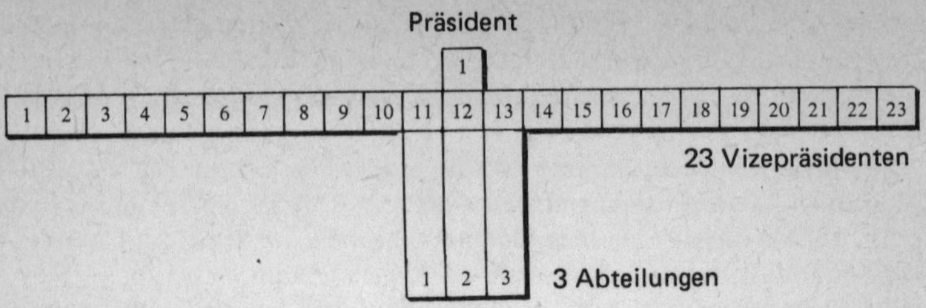


Dieses Diagramm zeigt deutlich, daß das traditionelle Pyramiden-Modell zu einem Unternehmen mit drei Hauptabteilungen, 23 Vizepräsidenten und einem Präsidenten nicht recht paßt.

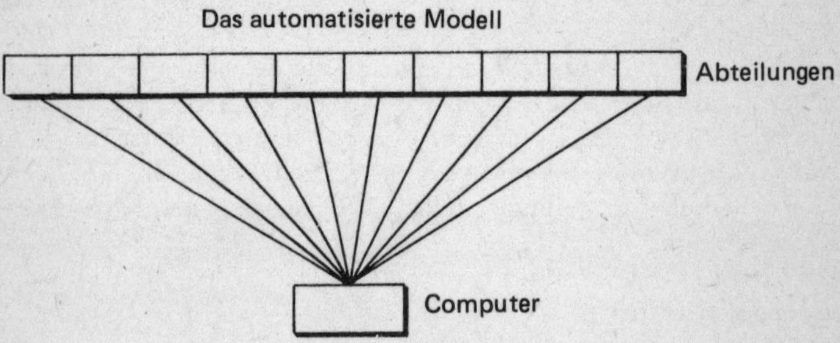


(In dieser jüngsten Abwandlung wurden die Angestellten, die sonst die breite Basis der Pyramide bilden, durch einen Computer ersetzt.)

Viele Abteilungen werden durch einen Computer unterstützt, wodurch eine umgekehrte Pyramide entsteht. Eine ähnliche Figur ergibt sich, wenn zahlreiche Führungskräfte, Aufsichtspersonen und das Verkaufspersonal von einem weitgehend automatisierten Produktionsapparat unterstützt werden.

In Kapitel 3 habe ich bereits den frei schwebenden Gipfel beschrieben. Diese Situation entsteht, wenn ein Direktor für eine nichtexistierende Abteilung zuständig ist oder wenn das Personal einer anderen Behörde zugeteilt wird und nur der Chef einsam in seinem Büro zurückbleibt.

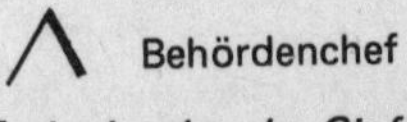


*Frei schwebender Gipfel*

Bedauerlicherweise sind Parkinsons Untersuchungen nicht weit genug getrieben worden. Es ist richtig, daß die Arbeit gestreckt werden kann, um die zur Verfügung stehende Zeit auszufüllen. Sie kann aber noch weit darüber hinausgehen und zählebiger sein als die Organisation selber. Ein Unternehmen kann pleite machen, eine Regierung gestürzt werden, eine Zivilisation in die Barbarei zurückfallen, während die Unfähigen immer noch weiterarbeiten. Wir müssen deshalb Parkinsons so plausibel erscheinende Theorie beseite lassen. Dennoch ist ihm große Anerkennung dafür zu zollen, daß er die Aufmerksamkeit auf ein Phänomen gelenkt hat, das nun zum erstenmal durch das Peter-Prinzip wissenschaftlich erklärt werden kann.

# 9. Die Psychologie der Hierarchologie

Ach, ihres Schicksals unkundig
Scherzen die armen Opfer.
*T. Gray*

Nach einer meiner hierarchologischen Vorlesungen überreichte mir ein Student einen Zettel mit folgenden Fragen: «Warum geben Sie uns keinen Einblick in die geistige Verfassung des unfähigen Bummelanten, den Sie so farbig schildern? Ist sich der Angestellte, der die letzte Sprosse der Leiter seiner Karriere erklommen hat, seiner eigenen Unfähigkeit bewußt? Akzeptiert er sein Parasitentum? Weiß er, daß er seinen Arbeitgeber beschwindelt, seine Untergebenen frustriert und wie ein Krebsgeschwür an der ökonomischen Grundlage der Gesellschaft frißt?» In jüngster Zeit habe ich viele derartige Fragen erhalten.

## Ein leidenschaftsloser Überblick

Zunächst muß ich betonen, daß *Hierarchologie eine Gesellschaftswissenschaft ist* und als solche objektive Kriterien statt gefühlsbetonter Begriffe wie «Bummelant», «Parasit», «schwindeln» oder «Krebsgeschwür» verwendet. Die Frage nach der Einsicht ist dennoch der Betrachtung wert. Ich habe mich der Verhaltensforschung als objektiver Beobachter zugewandt. Ich entdeckte das Peter-Prinzip, indem ich das Verhalten der Menschen in der Öffentlichkeit studierte. Dabei habe ich Introspektion oder Rückschlüsse auf das Innenleben anderer Menschen vermieden.

### *Spieglein, Spieglein an der Wand*

Dennoch ist ein Blick ins Innere interessant: «Erkennt das Individuum seine eigenen Grenzen?»

Die Antworten, die ich auf diese Frage zu geben vermag, sind subjektiv und ermangeln der wissenschaftlichen Strenge, die dieses Buch sonst auszeichnet.

In den meisten Fällen habe ich kaum Anzeichen für eine echte Selbsterkenntnis gefunden. Immerhin befanden sich einige Fälle, die ich untersucht habe, in der Analyse, und ich konnte die psychiatrischen Berichte einsehen. Sie zeigten, daß die Patienten die Dinge vereinfachten und andere für ihre Schwierigkeiten verantwortlich machten.

Wo eine Tiefenanalyse möglich war, wurde mehr Selbsterkenntnis festgestellt. Doch in keinem einzigen Fall beobachtete ich auch nur das geringste Verständnis für das hierarchische System. Niemand erkannte *die Beförderung als Ursache für das berufliche Versagen.*

Akte Psychiatrie, Fall Nr. 12. S. N. Stickle war ein fähiger Lagerhausangestellter bei der Gebrüder Bathos-Blei AG. Der eifrige Besuch von Abendschulen brachte Stickle Diplome in den Fächern Lagerhaus-Management und elementarer Nichteisen-Metallurgie ein. Er wurde zum stellvertretenden Lagerhausverwalter ernannt.

Nachdem er sechs Jahre am gleichen Platz gesessen hatte, bat Stickle erneut um eine Beförderung. Man teilte ihm mit, daß es ihm an Führungsqualität ermangele. Da er die Lagerarbeiter nicht dazu bringen konnte, seine Anweisungen zu befolgen, war er für eine Ernennung zum Abteilungsleiter ungeeignet.

Stickle konnte jedoch die Wahrheit über seine eigene Unfähigkeit als Vorgesetzter nicht ertragen. Er sagte sich einfach, daß die großen, bulligen Arbeiter ihn verachteten, weil er nur 1,67 Meter groß war.

Er kaufte sich Schuhe mit dicken Sohlen und gewöhnte sich an, im Lagerhaus einen Hut zu tragen; dadurch wirkte er größer. Er besuchte ein Body-building-Studio, nahm an Gewicht zu und entwickelte schwellende Muskeln. Doch die Lagerarbeiter gehorchten ihm immer noch nicht.

Stickle brütete weiter über seinen körperlichen Mängeln, entwickelte einen ernsten Komplex und suchte schließlich den Rat eines Psychiaters.

Während der therapeutischen Sitzungen versuchte Dr. Harty, Stickle zu helfen, indem er ihm von kleinen Leuten erzählte, die berühmt und reich geworden waren. Das führte zu neuen Depressionen: Nun hielt sich Stickle nicht nur für besonders klein, sondern für einen besonders großen Versager. Sein Selbstvertrauen bröckelte immer weiter ab, und er wurde noch unfähiger als Aufseher.

### *Wie in der Liebe – Psychiatrie allein reicht nicht*

Der Fall Stickle zeigt, daß die Psychiatrie es ohne Verständnis des Peter-Prinzips sehr schwer hat, die Nöte zu lindern, die beruflicher Unfähigkeit entspringen.

Dr. Harty wurde von einer Nebensächlichkeit, nämlich Stickles Statur, abgelenkt. Doch das Problem Stickles bestand lediglich darin, daß er innerhalb der Hierarchie von Gebrüder Bathos seine Stufe der Unfähigkeit erreicht hatte. Keine psychiatrische Behandlung konnte diese Tatsache ändern.

Vielleicht hätte man Stickle trösten können, wenn man ihm klargemacht hätte, daß der Endpunkt, den er als Vertreter des Lagerhausverwalters erreicht hatte, *kein Versagen, sondern die Krönung seiner Laufbahn war.*

Er wäre höchstwahrscheinlich glücklicher gewesen, wenn er begriffen hätte, daß er kein einmaliger Unglücksrabe war, sondern wie jeder andere auch im hierarchischen System unter dem Einfluß des Peter-Prinzips stand.

Ich bin davon überzeugt, daß die Kenntnis des Prinzips eine Hilfe bei der Analyse aller Fälle von Minderwertigkeitskomplexen wäre.

*Einsicht ist dennoch nicht genug*

Es kommt vor, daß das Management nach einer Beförderung einsieht, daß der Beförderte seine neuen Aufgaben nicht befriedigend erfüllen kann.

«Grindley macht sich als Vorarbeiter nicht besonders gut.»

«Good hatte doch nicht ganz das Format, um in Betters Fußstapfen zu treten.»

«Miss Cardington entwickelt sich als Leiterin der Aktenablage nicht besonders.»

Gelegentlich kommt auch dem Beschäftigten selber diese Einsicht, und er gibt seine Unfähigkeit auf dem höheren Posten zu. Doch auch hier löst die Einsicht zwar so manchen trüben Gedanken aus, aber wenig oder gar keine Taten.

Akte Einsicht, Fall Nr. 2. F. Overreach, ein fähiger Konrektor an einer Schule in Excelsior, wurde zum Rektor befördert. Noch vor Ablauf des Schuljahres erkannte er, daß er für diese Aufgabe ungeeignet war.

*Er beantragte seine Rückstufung. Sein Gesuch wurde abgelehnt!*

Unglücklich und widerwillig muß er auf seiner Stufe der Unfähigkeit verharren.

## Prüfung durch Außenstehende

Ich erwähnte, daß das Management und die Angestellten gelegentlich die berufliche Unfähigkeit erkennen, aber wenig dagegen tun. Sie werden nun fragen: «Was ist mit beruflichen Eignungstests? Was mit Leistungstests? Sicher können objektive Beobachter von außen die Inkompetenz diagnostizieren und geeignete Gegenmittel verschreiben.»

Können sie das wirklich? Betrachten wir diese Experten, und sehen wir, wie sie arbeiten.

*Stellenbesetzung, alte und neue Methoden*

Früher wurden die meisten Posten nach der Zufallsmethode besetzt. Das Vorurteil des Arbeitgebers, die Wünsche des Stellungssuchenden oder der Zufall (ein Bewerber sucht zufällig gerade dann Arbeit, wenn ein Platz besetzt werden muß) gaben den Ausschlag. Vor allem in kleineren Hierarchien spielt der Zufall auch heute noch eine Rolle.

Durch die Zufallsbesetzung wird oft ein Mitarbeiter in eine Position befördert, für die er kaum geeignet ist. An seiner mittelmäßigen Leistung kann sein unangenehmer Charakter, seine Willensschwäche oder einfach seine Trägheit schuld sein. Er wird ermahnt, sich mehr anzustrengen. Er wird mit Sprüchen bedient wie «Wo ein Wille ist, ist auch ein Weg» oder «Aller Anfang ist schwer».

Da er bei seinen Vorgesetzten nicht gerade in Gunst steht, wird seine erste Beförderung lange hinausgezögert. (Schließlich glaubt er sogar, er sei wertlos und verdiene es überhaupt nicht, voranzukommen. Diesen Zustand nenne ich das *Uriah Heep-Syndrom**.)

Die Zufallsanstellung ist heute weitgehend verdrängt durch Prüfungen und Eignungstests. Die herrschende Meinung wird am besten durch den Spruch ausgedrückt: «Wenn's beim erstenmal nicht klappt, versuche etwas anderes.»

Es hat natürlich wenig Sinn, Eignungstests durchzuführen, wenn man über keinen geeigneten Mann verfügt, der die Fragebogen ausarbeiten kann und die Ergebnisse dann interpretiert. Wenn es falsch gehandhabt wird, ist das Testsystem nur eine Abart des Zufallssystems.

Sachgemäß eingesetzt sind Eignungstests jedoch durchaus nützlich.

Wir kennen allgemeine Leistungs- und Intelligenztests, die eine Eignung an Hand des Ausdrucksvermögens, des Scharfsinns oder der Rechenfähigkeiten erfassen.

Es gibt Gedächtnistests, bei denen die Fähigkeiten daran gemessen werden, inwieweit jemand fähig ist, sich etwas Wichtiges zu merken, beispielsweise Zahlen, Namen und Adressen. Es gibt Tests, bei denen die Begabung für mechanische und künstlerische Arbeiten gemessen wird oder körperliche Geschicklichkeit, soziale Einstellung, wissenschaftliches Denken und Überzeugungskraft festgestellt werden.

Die Testergebnisse gibt man im allgemeinen als «Profil» wieder, als graphische Darstellung der Fähigkeiten eines Mitarbeiters. Hier ein Beispiel für ein solches Profil:

* S. Erklärendes Wörterverzeichnis, S. 123.

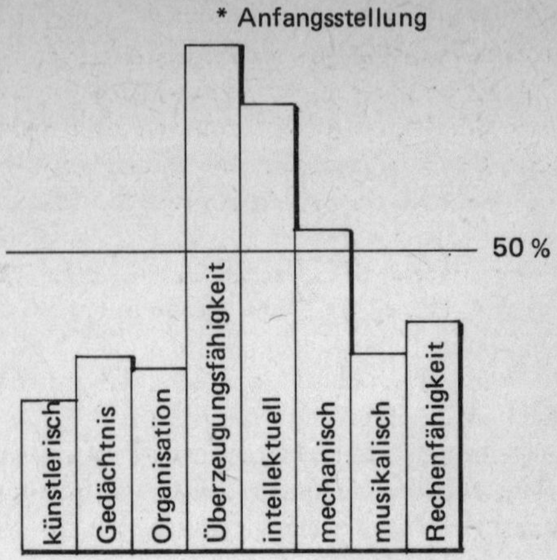


Zweck dieser Tests ist, den Mitarbeiter so schnell wie möglich an einen Platz zu stellen, an dem seine höchste Fähigkeits-Stufe ausgenutzt wird. Offenkundig wird ihn dann jedoch jede Beförderung auf ein anderes Gebiet führen, für das er laut Profil weniger kompetent ist.

Sehen wir, wie es in der Praxis aussieht.

Akte Personalführung, Fall Nr. 17. Das oben gezeigte Profil stammt aus einem Test, dem sich C. Breeze, ein junger Absolvent einer Handelsschule, unterzogen hatte, als er sich um eine Stellung bei der I. C. Gale-Klimaanlagen-Gesellschaft bewarb. Wie man sieht, zeigte er überdurchschnittliche Überzeugungskraft und ebenso einen hohen allgemeinen Intelligenzgrad.

Breeze wurde als Verkäufer engagiert und nach einer gewissen Zeit zweimal befördert: Zunächst zum regionalen Verkaufsleiter. In dieser Position verbrachte er immer noch viel Zeit im Verkauf. Später wurde er Verkaufsdirektor und hatte vor allem überwachende und organisatorische Funktionen.

Wie Sie sehen, liegen seine geringsten Fähigkeiten – weit unterhalb des Durchschnitts – in der Organisation. Aber gerade dieses Gebiet gehörte nun zu seinen täglichen Aufgaben. Seine Verkäufer wurden willkürlich eingeteilt. So wurde zum Beispiel Hap Hazard, ein unerfahrener Vertreter, zu zwei neuen, wichtigen Kunden geschickt. Er schaffte es, sowohl den Auftrag zu verlieren als auch den guten Ruf seiner Firma zu gefährden. Conn Manly, ein neuer Mitarbeiter, der es rasch zu stolzen Verkaufszahlen gebracht hatte, wurde zum Bezirksleiter ernannt. Er kümmerte sich so gut wie überhaupt nicht um die ihm unterstellten Verkäufer. Durch absichtliche, unsaubere Manipulationen senkte er die Einsatzbereitschaft seiner

Leute auf einen Tiefstand.

C. Breeze brachte ebenfalls die gesamte Verwaltung durcheinander. Größe und Bedeutung der einzelnen Verkaufsgebiete standen in keiner Beziehung zu den Transportmöglichkeiten, dem Geschäftsumfang oder der Erfahrung und den Fähigkeiten der Vertreter. Seine Aktennotizen und Berichte spotteten jeder Beschreibung, und sein Schreibtisch erinnerte an einen Abfalleimer.

Wie es das Peter-Prinzip vorhersagt, führt ihn seine Karriere von der Kompetenz zur Inkompetenz.

*Bewertung des Eignungstests*

Der Hauptunterschied zwischen getesteten und ungestesteten Angestellten liegt darin, daß die getesteten ihre Stufe der Unfähigkeit auf kürzeren Umwegen und in kürzerer Zeit erreichen.

*Rationalisierungsgutachten*

Wir haben festgestellt, daß bei der ersten Einstellung eine Beratung von außen das Erreichen der Unfähigkeits-Stufe nicht verhindern kann, sondern sogar noch beschleunigt. Ich möchte nun das Vorgehen von Rationalisierungsexperten beleuchten. Es ist kaum verwunderlich, daß sie meist zu einem verhältnismäßig späten Zeitpunkt auf der Bildfläche erscheinen, nämlich erst dann, wenn eine Hierarchie bereits einen hohen Reifequotient erreicht hat (der RQ ist in Kapitel 7 definiert).

Zunächst müssen wir uns natürlich darüber klar sein, daß auch Betriebsberater dem Peter-Prinzip unterworfen sind. Sie verdanken ihre Position dem gleichen Beförderungsprozeß, der die Organisation, die sie durchleuchten sollen, gelähmt hat. Viele der Experten werden sich schon auf ihrer Stufe der Unfähigkeit befinden. Selbst wenn sie Mängel entdekken, werden sie unfähig sein, sie zu korrigieren.

AKTE RATIONALISIERUNGSGUTACHTEN, FALL NR. 8. Die Bulkeley-Kühltransporte AG beauftragte die Betriebsberaterfirma Speedwell und Trimmer, ihre Organisation unter die Lupe zu nehmen. Speedwell und Trimmer stellten fest, daß Bulkeley nicht schlechter arbeitete als die meisten anderen Firmen in der Branche. Durch diskrete Nachfragen entdeckten sie den wahren Grund für ihren Auftrag: Einige Direktoren waren der Meinung, daß sie nicht genügend Einfluß auf die Geschäftspolitik ihrer Firma hatten.

Was sollten Speedwell und Trimmer tun? Sollten sie etwa sagen: «Meine Herren, bei Ihnen ist soweit alles in Ordnung. Ihr Unternehmen ist ebenso leistungsfähig wie Ihre Konkurrenz»?

Speedwell und Trimmer hatten wahrscheinlich guten Grund zu der

Annahme, in diesem Fall werde man auf ihre weitere Mitarbeit verzichten. Sie mußten fürchten, daß sie in den Ruf kämen, unfähige Management-Berater zu sein. Sie mußten damit rechnen, daß Bulkeley sich von einer Konkurrenzfirma beraten ließ.

Angesichts dieses moralischen Drucks fühlten sie sich gezwungen zu erklären: «Meine Herren, Sie verfügen über zu wenig Personal, und Ihre Mitarbeiter sind überdies falsch eingesetzt. Wir schlagen vor, einige neue Aufgabenbereiche zu schaffen und einige Ihrer Angestellten zu befördern.»

Nachdem dann erst einmal genügend Bewegung in die Organisation gekommen war, konnten die opponierenden Direktoren ganz nach Wunsch Günstlinge befördern oder mit den neuen Aufgaben betrauen und dabei gleichzeitig ihren Einfluß auf verschiedenen Ebenen und in verschiedenen Abteilungen der Hierarchie stärken. Der Vorstand war zufrieden, und Speedwell und Trimmer erhielten ihr Honorar.

*Bewertung der Management-Gutachten*

1. Ein Rationalisierungsgutachten schadet zeitweise dem Dienstalterprinzip in einer Hierarchie oder hebt es sogar auf. Das beschleunigt automatisch den Aufstieg oder erleichtert den Eintritt von Beschäftigten, die Protektion genießen (Günstlinge).
2. Eine beliebte Empfehlung von Betriebsberatern ist die Ernennung eines *Koordinators zwischen zwei unfähigen Stelleninhabern oder zwei unproduktiven Abteilungen.** Ein unter diesen Experten und Klienten weitverbreiteter Irrtum ist nämlich, daß «koordinierte Unfähigkeit gleich Fähigkeit» ist.
3. Die einzige Empfehlung, die tatsächlich zu einer Leistungssteigerung führt, ist die, mehr Leute einzustellen. In einigen Fällen erledigen sie die neuen Aufgaben, die von den alten Mitarbeitern, die ihre letzte Stufe erreicht haben, nicht mehr erfüllt werden.

Der gute Management-Berater weiß das und empfiehlt zahlreiche seitliche Arabesken und geräuschlose Sublimierungen Unfähiger in hohen Rängen und hierarchischen Ausschluß super-unfähiger Angestellter in untergeordneten Positionen. Kompetente Berater geben außerdem nützliche Ratschläge hinsichtlich der Personalpolitik, der Produktionsmethoden, der farblichen Ausgestaltung, der Leistungsanreize usw., die die Produktivität der fähigen Mitarbeiter steigern.

* Eine Erhebung bei Rationalisierungsfachleuten hat gezeigt, daß die Ernennung von Koordinatoren sowie die seitliche Arabeske und geräuschlose Sublimierung für das Management immer annehmbar sind.

Bei der Durchsicht von Tiefen-Analysen einiger Fälle von Befähigung an der obersten Spitze einer Hierarchie fiel mir ein bemerkenswertes psychologisches Phänomen auf, das ich hier beschreiben möchte.

Fähigkeit am Gipfel ist selten, aber nicht völlig unbekannt. In Kapitel 1 schrieb ich: «Genügend Zeit und genügend Rangstufen in einer Hierarchie vorausgesetzt, steigt jeder Beschäftigte bis zu seiner Stufe der Inkompetenz auf und verharrt dort.»

Siegreiche Feldmarschälle, erfolgreiche Schulräte, fähige Unternehmer und ähnliche Personen hatten einfach nicht *die Zeit*, ihre Stufe der Inkompetenz zu erreichen.

Umgekehrt beweist die unvermutete Existenz eines fähigen Gewerkschaftlers oder Universitätspräsidenten nur, daß es *in dieser bestimmten Hierarchie nicht genügend Rangstufen gibt*, damit er seine Stufe erreichen kann.

Diese Leute zeigen *Gipfel-Fähigkeit.**

Ich habe festgestellt, daß diese Gipfel-Fähigen häufig nicht damit zufrieden sind, in ihrer Kompetenz-Position zu bleiben. Sie können nicht zur Stufe der Unfähigkeit aufsteigen. Sie sind schon an der Spitze. *Sie haben deshalb einen starken Drang, seitlich in eine andere Hierarchie hinüberzuwechseln* – sei es von der Armee in die Industrie, aus der Politik ins Erziehungswesen, vom Show-business in die Politik usw. *In dieser neuen Umgebung finden sie dann die Stufe der Unfähigkeit, die sie in der alten vermißt haben.* Das macht der Unfähigkeitstrieb.

*Akte Unfähigkeitstrieb, ausgewählte Fälle*

Macbeth, ein erfolgreicher Feldherr, wurde zum unfähigen König.

Hitler, ein geriebener Politiker, fand seine Stufe der Inkompetenz als Generalissimus.

Sokrates war ein unvergleichlicher Lehrer, fand aber seine Ebene der Unfähigkeit als Strafverteidiger.

* Unsere Unterlagen enthalten einige außergewöhnliche Fälle multimodaler Gipfel-Fähigkeit, also von Individuen, die gleichzeitig an der Spitze mehrerer Hierarchien stehen können. A. Einstein ist ein Beispiel für dieses Phänomen. Er war ein höchst kompetenter Denker, der der Wissenschaft eine spezielle und allgemeine Relativitätstheorie bescherte. Außerdem war Einstein offensichtlich höchst kompetent auf dem Gebiet der Herrenmode. Seine Haartracht und seine lässige Kleidung begründeten eine Richtung, der die Jugend bis heute folgt. Bedenkt man, was er in der Modewelt ohne jede Anstrengung erreicht hat, fragt man sich, wie weit er es gebracht hätte, wenn er wirklich darum bemüht gewesen wäre.

*Warum tun sie es?*
«Der Job füllt mich nicht aus.»

So oder so ähnlich lautet immer wieder die Begründung von Gipfel-Fähigen, wenn sie einen Wechsel planen, der schließlich zur Zwangs-Unfähigkeit führt.

*Müssen sie es tun?*
In der Tat ist es eine größere und faszinierendere Herausforderung, unterhalb der Stufe der Inkompetenz zu verharren. Ich werde dieses Problem später noch zur Diskussion stellen.

*Nicht jeder verdient das . . .*

. . . was er verdient. Mancher macht sich um manches verdient und verdient nicht, was er verdient hätte. Und andere verdienen, als sei Verdienen schon ein Verdienst.

Daß hoher Verdienst bei großen Verdiensten keine selbstverständliche Folge sein muß, erkannte Shaw: «Als ich bei meiner Arbeit in der sozialistischen Bewegung über die allgemein verbreitete Annahme examiniert wurde, daß Ungleichheit der Arbeit auch Ungleichheit des Entgelts voraussetzt, konnte ich aus eigener Erfahrung erwidern, daß, unter sonst gleichen Umständen, die Menschen um so weniger Belohnung beanspruchen würden, je höher qualifiziert ihre Arbeit wäre. Wenn meine Chefs von mir verlangt hätten, die Arbeit der Putzfrau zu übernehmen, so hätten sie meinen Widerwillen durch ein mindestens zwanzigmal höheres Gehalt überwinden müssen, als sie mir tatsächlich bezahlten.»

# 10. Peters Spirale

Wir alle leben zu sehr in einem Kreis.
*Disraeli*

Ich habe bereits in Kapitel 9 festgestellt, daß die Hierarchologie hinsichtlich der Inkompetenz nicht moralisiert. Ich möchte sogar betonen, daß in den meisten Fällen von Unfähigkeit sogar der ausdrückliche *Wunsch vorhanden ist, produktiv zu sein.* Der Beschäftigte *wäre eigentlich gern fähig.*

Die meisten Unfähigen begreifen auch irgendwie dunkel, daß der Zusammenbruch der Hierarchie sie arbeitslos machen würde. Sie versuchen deshalb, die Hierarchie funktionsfähig zu erhalten.

Lassen Sie mich ein Beispiel anführen.

## Akte Inner-Hierarchische Probleme, Fall Nr. 4

*Geld statt Gesundheit*
Während der zwanzig Jahre, die Mal D'Mahr im Dienst der Perfect Pewter- Klaviersaiten AG gestanden hatte, war er vom Angestellten im Zinn-Eingangslager zum Vorstandsvorsitzenden aufgestiegen. Kurz nachdem er sein Vorstandsbüro bezogen hatte, machte ihm die Gesundheit zu schaffen. Er litt unter hohem Blutdruck und Magengeschwüren. Der Betriebsarzt empfahl ihm, kürzer zu treten und sich in der Kunst der Entspannung zu üben. Der Aufsichtsrat schlug die Ernennung eines stellvertretenden Vorstandsvorsitzenden vor, der Mal entlasten sollte. Obwohl beide Empfehlungen gut gemeint waren, trafen sie nicht den Kern der Sache. Hierarchologisch gesehen war Mal D'Mahr über den Punkt seiner physiologischen Befähigung hinaus befördert worden. Als Vorstandsvorsitzender mußte er sich mit einander widersprechenden Zielen und Werten herumschlagen. Er mußte das Wohlwollen der Aktionäre und des Aufsichtsrates dadurch gewinnen, daß er Profite machte. Die Gunst der Kunden mußte er sich sichern, indem er die hohe Qualität des Produktes aufrechterhielt. Die Beschäftigten des Unternehmens konnte er nur dadurch für sich gewinnen, daß er hohe Löhne zahlte und für angenehme und sichere Arbeitsplätze sorgte. In der Gemeinde, in der er lebte, erwartete man, daß er einige öffentliche Ämter übernahm und ein mustergültiges Familienleben führte. Bei dem Versuch, allen diesen einander zum Teil widersprechenden Verpflichtungen gleichzeitig gerecht zu werden, brach er physisch zusammen. Keine Vermehrung des Perso-

nals und kein Rat, sich zu entspannen, konnte diese Verpflichtungen, die das Amt des Vorstandsvorsitzenden mit sich brachte, reduzieren.

*Das Unbekannte kalkulieren*

Der Vorschlag des Aufsichtsrates wurde ausgeführt und J. Smugly, ein fähiger Ingenieur und mathematisches Genie, zum stellvertretenden Vorsitzenden ernannt. Smugly, fähig im Umgang mit Sachen, war unfähig im Umgang mit Menschen. Er verfügte über keine geeigneten Unterlagen, die ihm Entscheidungen in Personalfragen erleichtert hätten. Da er ohne vollständige Personalakten nichts anordnen wollte, schob er Entscheidungen so weit hinaus, daß er schließlich unter Druck zu einem Entschluß kommen mußte und dann unkluge Augenblicksentscheidungen traf. Smugly erreichte seine Stufe der Unfähigkeit wegen mangelnder Fähigkeiten in der Menschenführung. Man beschloß, daß er durch die Ernennung eines Personalchefs entlastet werden sollte.

*Mitleid belohnt sich selbst*

Roly Koster wurde zum Personalchef befördert. Er war ein begabter Psychologie-Student gewesen. Nun aber versetzte er sich immer derart stark in die Lage seiner Schützlinge, daß er ständig in Gefühlen schwelgte. Wenn er Smuglys Beschwerden über einen ungenauen Bericht von Miss Count lauschte, war seine Sympathie ganz auf seiten des stellvertretenden Vorstandsvorsitzenden und voller Groll gegen Miss Count und ihre Nachlässigkeit. Wenn er Miss Counts Klagen über Smuglys kaltes, berechnendes und unmenschliches Verhalten ihr und ihren Kollegen gegenüber hörte, kamen ihm fast die Tränen. Smuglys Hartherzigkeit riefen Sorge und Abscheu bei ihm hervor. Roly erreichte seine Stufe der Unfähigkeit, weil er gefühlsmäßig ungeeignet war. Um einige der daraus entstehenden personellen Probleme zu lösen, wurde beschlossen, eine neue Stelle für einen Personalbeauftragten zu schaffen. Dieser Posten sollte mit jemandem aus der Fabrik besetzt werden, der das Vertrauen der Belegschaft genoß.

B. Willder war bei den Arbeitern beliebt und hatte sich als Vorsitzender des Betriebsrats ausgezeichnet. In seiner neuen Stellung als Personalbeauftragter mußte er darauf achten, daß die Entscheidungen des Managements beachtet wurden. Da er jedoch die Pläne der Geschäftsleitung nicht ganz begriff, war B. Willder in dieser Rolle wenig erfolgreich. Ihm fehlten die intellektuellen Fähigkeiten, um mit abstrakten Begriffen umzugehen, und er traf deswegen unlogische Entscheidungen. Er hatte seine Stufe der Inkompetenz erreicht, weil er geistig ungeeignet war.

Ich habe diese Studie, die an der Perfect Pewter-Klaviersaiten AG durchgeführt wurde, hier wiedergegeben, weil sie die vier Grundformen der Unfähigkeit verdeutlicht.

Mal D'Mahr wurde über die Grenzen seiner *physischen Leistungsfähigkeit* hinaus befördert.

J. Smugly wurde über die Grenzen seiner Fähigkeiten in der *Menschenführung* hinaus befördert.

Roly Koster wurde über seine *emotionalen Fähigkeiten* hinaus befördert.

B. Willder wurde über seine *geistigen Fähigkeiten* hinaus befördert.

*Vergebliche Mühe*

Dieses Beispiel, das für viele ähnliche Fälle steht, zeigt, daß selbst ein ehrliches Bemühen, Inkompetenz auf hoher Ebene zu beseitigen, zu einer vielstufigen Inkompetenz führen kann. In solchen Fällen ist eine Vermehrung des Personals unumgänglich. Bei jeder neuen Umdrehung von Peters Spirale nimmt die Quantität der Inkompetenz zu. Dennoch gibt es keine Verbesserung oder höhere Effektivität.

## Die Mathematik der Unfähigkeit

*Unfähigkeit plus Unfähigkeit gleich Unfähigkeit.*

# 11. Die Pathologie des Erfolgs

Ein Unglück kommt selten allein.

Inzwischen sollte klargeworden sein, daß ein Angestellter, der seine Stufe der Unfähigkeit erreicht hat, keine nützliche Arbeit mehr leisten kann.

## Unfähig, ja! Faul, nein!

Das soll aber in keiner Weise bedeuten, daß nach der abschließenden Beförderung ein ehemals fleißiger Arbeiter plötzlich faul wird. Keineswegs! In den meisten Fällen *will er weiterarbeiten*; er zeigt immer noch große Aktivität, oft glaubt er, er würde etwas schaffen. In Wirklichkeit vollbringt er aber nur wenig Nützliches.

Früher oder später (gewöhnlich früher) werden sich diese Angestellten ihrer Unproduktivität bewußt und leiden darunter.

*Ein kühner Schritt*

Hier müssen wir auf das Gebiet der Medizin vorstoßen. Ich will den physischen Zustand beschreiben, der weiter vorne schon als Endplazierungs-Syndrom bezeichnet wurde.

*Ein umfassendes Forschungsprogramm*

Einer Anzahl praktischer Ärzte wurden die Fragen vorgelegt:

1. «Welche physischen Anzeichen (wenn überhaupt welche) sind gewöhnlich mit dem Erfolg verbunden?»*
2. «Welchen Rat geben Sie oder wie behandeln Sie (wenn überhaupt) Patienten in der Erfolgs-Gruppe?»

## Ein alarmierender Bericht (1)

Die Auswertung der ärztlichen Antworten ergab, daß folgende Beschwerden bei «erfolgreichen» Patienten am häufigsten auftreten:

a) Magengeschwüre
b) Magenkrämpfe
c) Schleimhautreizung

*Was der gewöhnliche Soziologe oder Mediziner «Erfolg» nennt, erkennt der Hierarchologe selbstverständlich als *Endplazierung*.

d) Erhöhter Blutdruck
e) Verstopfung
f) Durchfall
g) Häufiges Wasserlassen
h) Alkoholismus
i) Freßlust und Fettleibigkeit
j) Appetitlosigkeit
k) Allergien
l) Abspannung
m) Muskelkrämpfe
n) Schlaflosigkeit
o) Chronische Müdigkeit
p) Jagender Puls
q) Andere Herzbeschwerden
r) Migräne
s) Übelkeit und Erbrechen
t) Weicher, schmerzender Bauch
u) Schwindelgefühle
v) Verdauungsbeschwerden
w) Ohrensausen
x) Übermäßige Schweißabsonderung an Händen, Füßen, Achseln und anderen Körperstellen
y) Nervöse Hautleiden
z) Sexuelle Impotenz

All das sind typische Erfolgs-Beschwerden, die auch ohne das Vorhandensein organischer Krankheiten auftreten können.

Ich beobachtete – und von nun an sind auch Sie in der Lage, dies zu erkennen –, daß diese Symptome die konstitutionelle Unfähigkeit der Patienten für das Maß der Verantwortung, das sie übernommen haben, anzeigen.

Eine Tiefenstudie. Der für den Verkauf verantwortliche Vizepräsident der Clacklow-Büromaschinen-Gesellschaft, T. Throbmore, wird häufig daran gehindert, an der wöchentlichen Vorstandssitzung teilzunehmen. Er leidet unter einer Migräne, die mit ziemlicher Regelmäßigkeit Montag nachmittag um 1 Uhr 30 einsetzt.

Tiefenstudie eines anderen Falls. Wegen seines anfälligen Herzens werden C. R. Diack, Präsident der Grindley-Motorenwerke, alle Nachrichten, die ihn aufregen oder irritieren könnten, vorenthalten. Er hat deshalb keine echte Kontrolle mehr über den Geschäftsverlauf. Seine Hauptaufgabe ist, bei den jährlichen Zusammenkünften glanzvolle Berichte über den Erfolg des Unternehmens zu verlesen.

BEACHTEN SIE DIESE WICHTIGE DEFINITION. Die Leiden, die ich genannt habe und die gewöhnlich in Kombination von zwei oder mehreren Symptomen auftreten, bilden das *Endplazierungs-Syndrom.**

## Ein alarmierender Bericht (2)

*Unglücklicherweise hat die medizinische Wissenschaft bis heute die Existenz des Endplazierungs-Syndroms nicht erkannt.* Ja, die Vertreter dieses Fachs sind meinen Bemühungen, die Hierarchologie auf die Pseudowissenschaft der Diagnose anzuwenden, mit kalter Ablehnung begegnet. Doch kein Zweifel – die Wahrheit wird sich durchsetzen! Die Zeit und die mit ihr unaufhaltsam fortschreitende Unordnung in der Gesellschaft werden für Erleuchtung sorgen.

*Drei medizinische Irrtümer (a)*
Patienten mit den typischen Symptomen der Endplazierung (E. P.) finden häufig eine Erklärung: Sie behaupten, daß ihre berufliche Unfähigkeit die Folge ihrer physischen Beschwerden ist. «Wenn ich nur diese Kopfschmerzen loswürde, könnte ich mich ganz auf meine Arbeit konzentrieren.»

Oder: «Wenn ich nur meine Verdauung in Ordnung bringen könnte...»

Oder: «Wenn ich nur mit dieser Sauferei Schluß machen könnte...»

«Oder: «Wenn ich nur einmal ausschlafen könnte...»

Manche Mediziner akzeptieren diese Ausreden, wie meine Untersuchung zeigt, und bekämpfen die physischen Symptome, ohne nach ihrer Ursache zu forschen.

Man behandelt die Patienten mit Medikamenten oder chirurgischen Eingriffen, und beides kann zeitweise helfen, *aber nur zeitweise.* Der Patient kann nicht mit Drogen fähig gemacht werden, und es gibt keinen Unfähigkeits-Tumor, der mit einem Skalpell beseitigt werden könnte. *Guter Rat* ist ebenso unnütz.

«Nehmen Sie es nicht so schwer.»

«Arbeiten Sie nicht zuviel.»

«Ruhen Sie sich gelegentlich aus.»

Solche tröstenden Vorschläge sind nutzlos. Viele E. P.-Kranke sind bedrückt und ängstlich, weil sie wissen, daß sie wenig nützliche Arbeit leisten. Sie werden keinen Rat befolgen, noch weniger zu tun.

* In Kapitel 5 wurde auf ein untrügliches Unterscheidungsmerkmal für das Syndrom des Pseudo-Erfolgs und das der Endplazierung hingewiesen.

Ein anderer vergeblicher Versuch ist der des *freundlichen Philosophen*:

«Versuchen Sie doch nicht immer, die Rätsel der Welt lösen zu wollen.»

«Jeder hat so seinen Ärger. Ihnen geht es nicht schlechter als vielen anderen auch.»

«In Ihrem Alter muß man sich nun mal mit solchen Problemen herumschlagen.»

Die wenigsten E. P.-Patienten können mit solchen Stammtischweisheiten etwas anfangen. Die meisten sind völlig egozentrisch: Philosophie oder die Probleme anderer Leute interessieren sie nicht, für die mit ihrem Job verbundenen Probleme suchen sie eine Lösung.

Gelegentlich versucht man es auch mit Drohungen:

«Wenn Sie in diesem Stil weitermachen, werden Sie noch im Krankenhaus landen.»

«Wenn Sie nicht kürzer treten, werden Sie bald zusammenklappen.»

So etwas ist sinnlos. Der Patient kann gar nicht anders als «in diesem Stil» weitermachen. Das einzige, was seinen Lebensstil ändern könnte, wäre eine Beförderung, und die wird er nicht schaffen, weil er bereits seine Stufe erreicht hat.

Eine andere beliebte Sorte von Ratschlägen sind die *Ermahnungen zur Selbstbeherrschung*:

«Lebe Diät!»

«Weniger trinken!»

«Das Rauchen einstellen!»

«Hör mit der Nachtschwärmerei auf!»

«Halte dich sexuell mehr zurück!»

So etwas bleibt gewöhnlich ohne Wirkung. Der E. P.-Patient ist bereits deprimiert, weil ihm die Arbeit keine Freude mehr macht. Warum soll er die wenigen Vergnügen, die ihm außerhalb seiner Arbeit bleiben, auch noch aufgeben?

Im übrigen gibt es viele Männer, die glauben, daß eine gewisse Zügellosigkeit bei körperlichen Freuden sie auch mit einer Aura der Bedeutung umgibt. Das spiegelt sich in solchen Sprüchen wider wie: «Er hat einen Mordsappetit», «Er ist ein großer Weiberheld», oder «Er kann einen Schluck vertragen». Solches Lob ist vor allem in den Ohren dessen süß, der sonst wenig hat, wofür er Anerkennung erntet. Er wird also sehr zögern, sein Laster aufzugeben.

### *Drei medizinische Irrtümer (b)*

Eine zweite Gruppe von Ärzten, die keine organischen Schäden an ihren E. P.-Patienten entdecken kann, versucht, sie davon zu überzeugen, daß *ihre Symptome überhaupt nicht existieren*:

«Ihnen fehlt wirklich nichts. Nehmen Sie mal dieses Beruhigungsmittel.»

«Denken Sie nicht soviel über sich nach. Sie bilden sich Ihre Beschwerden nur ein. Reine Nervensache.»

Solche Ratschläge führen natürlich zu keiner dauerhaften Besserung. Der Patient *weiß, daß er leidet,* ob der Arzt es nun bestätigt oder nicht.

Der Erfolg ist meistens, daß der Patient das Vertrauen zu seinem Arzt verliert und auf der Suche nach jemandem, der sich in seinem Fall «besser auskennt», zum nächsten läuft. Vielleicht verliert er überhaupt den Glauben an die orthodoxe Medizin und beginnt alle möglichen pseudo-medizinischen Heilpraktiker aufzusuchen.

*Drei medizinische Irrtümer (c)*

Nachdem Medikamente und chirurgische Eingriffe versagt haben, versucht man es gelegentlich mit der Psychotherapie. Der Erfolg bleibt meistens aus, weil dadurch die Wurzel des Übels bei den Endplazierungs-Patienten, die berufliche Unfähigkeit, nicht bekämpft werden kann.

*Mit Fingerspitzengefühl*

Meine Umfrage hat ergeben, daß die einzige Behandlung, die dem E. P.-Patienten einige Erleichterung bringt, die Ablenkungstherapie ist.

«Lernen Sie Bridge.»

«Legen Sie sich eine Briefmarkensammlung an.»

«Machen Sie die Gartenarbeit selber.»

«Malen Sie Bilder mit der Schreibmaschine.»

Der Arzt spürt in diesem Fall, daß sein Patient beruflich versagt, und versucht sein Interesse auf ein Gebiet zu lenken, wo er noch etwas leisten kann.

Ein lehrreicher Fall. W. Lushmoor, Manager in einem Warenhaus, verbrachte die meisten Nachmittage in seinem Klub, statt ins Büro zurückzukehren. Er hatte die E. P.-Krankheit bereits im fortgeschrittenen Stadium, war schon fast als Alkoholiker zu bezeichnen, hatte außerdem zwei leichte Herzattacken hinter sich, litt stark unter Übergewicht und war chronisch magenkrank.

Auf den Rat seines Arztes begann er Golf zu spielen. Er wurde ein leidenschaftlicher Spieler, widmete dem Golf alle seine Nachmittage und fast seine gesamte Energie und machte rasche Fortschritte. Sein Pech war, daß er beim Hantieren mit dem elektrischen Golfkarren einen furchtbaren Schlag erhielt.

Entscheidend ist, daß Lushmoor zwar von seinem Leiden nicht geheilt wurde, er jedoch nicht länger ein E. P.-Fall hinsichtlich seines Jobs, über den er sich jetzt keine Gedanken mehr machte, war, sondern, dank des Golfspiels, das Syndrom des Pseudo-Erfolgs aufwies. Die Behandlung war deshalb erfolgreich.

*Ein düsteres Zeichen*

Noch eine Bemerkung zum Endplazierungs-Syndrom: Es hat eine ständig wachsende soziologische Bedeutung, weil die Begleiterscheinungen einen hohen Statuswert erreicht haben. Ein E. P.-Patient brüstet sich mit seinen Symptomen. Er beweist eine pervertierte Kompetenz, indem er ein noch größeres Magengeschwür bekommt oder eine noch ernstere Herzattacke erleidet als seine Freunde. Der Statuswert der E. P.-Krankheiten ist in der Tat bereits so groß, daß einige Angestellte sie sogar stimulieren, nur um den Eindruck zu erwecken, sie hätten die Endplazierung bereits erreicht.

# 12. Nicht-medizinische Merkmale der Endplazierung

Wie soll ich die Zeichen und Signale deuten?
*H. W. Longfellow*

## Ein langgehegter Wunsch

Oft ist es nützlich, zu wissen, wer in einer Hierarchie die Endplazierung erreicht hat und wer nicht. Unglücklicherweise kann man nicht immer die Krankheitsgeschichte jedes Beschäftigten einsehen, um festzustellen, ob er ein Endplazierungs-Fall ist oder nicht. Deshalb sollen hier noch einige Merkmale angeführt werden, die Ihnen helfen könnten.

## Abnorme Tabulogie

Dies ist ein wichtiger und bedeutsamer Zweig der Hierarchologie.

Der kompetente Mitarbeiter hat auf seinem Schreibtisch normalerweise nur die Bücher, Papiere und Geräte, die er für seine Arbeit braucht. Nach der Endplazierung neigen Angestellte dazu, einige ungewöhnliche und höchst aufschlußreiche Arrangements auf ihrem Schreibtisch zu treffen.

*Phonophilie*

Der Mitarbeiter erklärt seine Unfähigkeit damit, daß er unter mangelndem Kontakt zu Kollegen und Untergebenen leidet. Um dem abzuhelfen, installiert er mehrere Telefone auf seinem Schreibtisch, eine oder mehrere Gegensprechanlagen mit Knöpfen, Blinklichtern und Lautsprechern sowie eines oder mehrere Tonbandgeräte. Der Phonophilitiker macht es sich bald zur Gewohnheit, zwei oder mehr dieser Geräte zur gleichen Zeit zu benutzen. Das ist dann ein untrügliches Zeichen galoppierender Phonophilie. In diesen Fällen geht es meist rapide bergab, und man muß sie als unheilbar ansehen.

(Phonophilie wird übrigens heute in wachsendem Maße bei Frauen beobachtet, die ihre Stufe der Inkompetenz als Hausfrauen erreicht haben. Typisch ist die Installierung eines Mikrofon-Lautsprecher-Schalttafel-Telefonsystems in der Küche. Es erlaubt der Hausfrau, mit ihren Nachbarn, ihrem Eßzimmer, der Waschküche, dem Kinderzimmer, der Terrasse und ihrer Mutter gleichzeitig in ständigem und engem Kontakt zu sein.)

*Papyrophobie*
Der Papyrophobe kann keine Papiere oder Bücher auf seinem Schreibtisch oder – in schlimmen Fällen – überhaupt in seinem Büro ertragen. Wahrscheinlich erinnert ihn jedes Stück Papier an die Arbeit, die zu erledigen er außerstande ist. Kein Wunder, daß er ihren Anblick haßt!

Er macht natürlich aus seiner Abneigung eine Tugend und hofft, dadurch, daß er, wie er es nennt, «den Schreibtisch immer aufgeräumt» hat, den Eindruck zu erwecken, daß er all seine Aufgaben unglaublich prompt erledigt.

*Papyromanie*
Papyromanie, das genaue Gegenteil der Papyrophobie, zwingt den Angestellten, seinen Schreibtisch mit Bergen völlig überflüssiger Papiere und Bücher zu bedecken. Bewußt oder unbewußt versucht er so, seine Unfähigkeit dadurch zu verbergen, daß er den Eindruck erweckt, er habe *zuviel zu tun* – mehr, als jedes menschliche Wesen bewältigen könnte.

*Ordnungswahn*
Hier liegt die Manie vor, die Papiere genauestens zu ordnen und zu sortieren. Gewöhnlich ist dies mit einer tödlichen Angst verbunden, irgendwelche Dokumente zu verlieren. Indem der Ordnungsfanatiker erledigte Vorgänge immer von neuem sichtet und ordnet, hindert er andere Leute (und sich selbst) an der Erkenntnis, daß er wenig oder nichts zur Erledigung der laufenden Geschäfte beiträgt. Seine Beschäftigung mit alten Akten fixiert seinen Blick auf die Vergangenheit, so daß er widerstrebend und rückwärts in die Zukunft geht.

*Tabula-Gigantismus*
Das zwanghafte Bemühen, stets einen größeren Schreibtisch als die Kollegen zu haben.

*Tabulaphobia privata*
Völlige Verbannung aller Schreibtische aus dem Büro. Dieses Symptom ist nur in den allerhöchsten Rängen einer Hierarchie zu beobachten.

## Psychologische Merkmale

Während meiner Forschungsarbeit verbrachte ich viel Zeit in Vorzimmern und interviewte Kunden und Arbeitskollegen, die aus den Zimmern von

Vorgesetzten kamen. Auf diese Art entdeckte ich verschiedene interessante psychologische Merkmale der Endplazierung.

*Selbstmitleid*
Viele dieser Besprechungen bei Spitzenmanagern bestanden vor allem darin, daß der Chef mitleiderregende Geschichten über die Umstände erzählte, unter denen er gegenwärtig arbeiten müsse.

«Niemand zollt mir wirklich Anerkennung.»

«Niemand arbeitet sinnvoll mit mir zusammen.»

«Niemand versteht, daß der ständige Druck von oben und die hoffnungslose Unfähigkeit unten es mir unmöglich machen, meinen Aufgaben angemessen nachzukommen und mit der Arbeit auf dem laufenden zu bleiben.»

Dieses Selbstmitleid ist oft mit wehmütigen Erinnerungen an die «gute alte Zeit» verbunden, als der Klagende noch einen geringeren Rang innehatte und auf einer Stufe seiner Fähigkeit arbeitete.

Diesen Gefühlskomplex – sentimentales Selbstmitleid, Verunglimpfung der Gegenwart und irrationales Lob der Vergangenheit – nenne ich den *Gute-alte-Zeit-Komplex.*

Ein interessanter Zug dieses Komplexes ist, daß der typische Patient niemals und unter keinen Umständen andeutet, daß ein anderer seinen Platz besser ausfüllen würde, obgleich er doch behauptet, daß seine gegenwärtige Position ein Martyrium sei.

*Rigor cartis*
Bei Angestellten auf der Stufe der Unfähigkeit habe ich häufig die Rigor cartis beobachtet, ein abnormes Interesse am Entwurf von Organisations- und Ablaufplänen. Hinzu kommt ein engstirniges Bestreben, jeden kleinsten Geschäftsvorgang ohne Rücksicht auf Verzögerungen in strikter Übereinstimmung mit den Linien und Pfeilen auf einer solchen Karte abzuwickeln. Der Rigor cartis-Patient hängt seine Karten meist an bevorzugter Stelle an die Wände seines Büros, und man kann ihn oft dabei beobachten, wie er unter Vernachlässigung seiner Arbeit in wortloser Anbetung vor seiner Graphik steht.

*Der Änderungszwang*
Manche Angestellte, die ihre Endplazierung erreicht haben, versuchen ihre Unsicherheit dadurch zu verbergen, daß sie ihre Untergebenen ständig aus dem Gleichgewicht bringen.

Ein leitender Angestellter dieses Typs erhält einen schriftlichen Bericht, schiebt ihn beiseite und sagt: «Ich habe nicht die Zeit, mich durch diesen

Wust hindurchzuarbeiten. Sagen Sie es mir bitte mündlich – und möglichst kurz.»

Wenn der Untergebene dagegen einen mündlichen Vorschlag macht, unterbricht ihn so ein Typ mitten im Satz: «Ich kann mich erst damit befassen, wenn Sie es schriftlich niedergelegt haben.»

Einem Untergebenen, der Vertrauen zu ihm hat, setzt solch ein Vorgesetzter durch einen Anschnauzer einen Dämpfer auf; einen schüchternen macht er durch familiäres Getue nervös. Man könnte den Zwang zur Änderung zunächst mit Potters «Eins-Hochkommen»-Prinzip verwechseln, aber beide sind grundverschieden. Potters Methode dient dazu, ihren Benutzer auf seine Stufe der Unfähigkeit zu befördern. Der Zwang zur Änderung dagegen ist vor allem eine Abwehrtechnik, die ein Boss anwendet, der seine Stufe der Inkompetenz erreicht hat.

«Man weiß nie, wie man ihm kommen soll», urteilt der Untergebene dieses Mannes.

*Wanken-und-Wackeln*

Beim Wanken-und-Wackeln-Syndrom stößt man auf die völlige Unfähigkeit, Entscheidungen zu treffen, die dem Rang des Betreffenden angemessen sind. Ein Angestellter dieses Typs kann die Pros und Kontras einer Frage endlos und minuziös gegeneinander abwägen, ohne sich jedoch für die eine oder andere Seite entscheiden zu können. Er wird seine Entschlußlosigkeit mit ernsten Hinweisen auf den «demokratischen Prozeß» oder «langfristige Überlegungen» begründen. Gewöhnlich läßt er alle Probleme, die auf ihn zukommen, so lange schmoren, bis jemand anders die Entscheidung trifft oder es zu spät für eine Lösung ist.

Ich habe übrigens festgestellt, daß die Opfer des Wanken-und-Wackelns häufig auch Papyrophoben sind. Sie müssen deshalb ausfindig machen, wie sie das Papier loswerden können. Dabei wird gewöhnlich der *Abwärts-, Aufwärts- oder Auswärtspaß* angewendet.

Beim Abwärtspaß werden die Papiere an einen Untergebenen mit der Bemerkung «Behelligen Sie mich bitte nicht mit solchen Lappalien» zurückgeschickt. Der Untergebene wird so gezwungen, eine Entscheidung zu treffen, die über seinen Verantwortungsbereich hinausgeht.

Beim Aufwärtspaß kommt es auf Einfallsreichtum an. Der Wanken-und-Wackeln-Kranke muß den Fall so lange prüfen, bis sich ein winziger Punkt findet, bei dem eine Abweichung von der Norm festzustellen ist. Das rechtfertigt dann die Weiterleitung an eine höhere Instanz.

Beim Auswärtspaß beruft der Leidende eine Konferenz von Kollegen gleichen Ranges ein. Hier beugt er sich dann der Mehrheitsentscheidung. Eine Variante davon ist das öffentliche *John Q.-Ablenkungsmanöver*: Man sendet die Papiere an irgend jemand, der eine Umfrage veranstaltet, um herauszufinden, was der Normalbürger über die Sache denkt.

Ein Wanken-und-Wackeln-Opfer im Regierungsdienst löste das Problem auf originelle Weise. Wenn ihm ein Fall vorlag, den er nicht entscheiden mochte, ließ er das Aktenstück einfach nachts aus dem Büro verschwinden und warf es weg.

*Ein klassischer Fall*

William Shakespeare beschreibt ein interessantes Symptom der Endplazierung: ein irrationales Vorurteil gegen Untergebene oder Kollegen auf Grund irgendwelcher Merkmale, die in keiner Weise zu der beruflichen Leistung in Beziehung stehen. So läßt er Julius Caesar sagen:

> Laßt wohlbeleibte Männer um mich sein . . .
> Der Cassius dort hat einen hohlen Blick;
> Er denkt zu viel: die Leute sind gefährlich.

Es ist verläßlich überliefert, daß Napoleon Bonaparte gegen Ende seiner Laufbahn Männer nach der Größe ihrer Nase beurteilte und nur solchen mit großer Nase ein höheres Amt übertrug.

Manche Opfer dieses Wahns knüpfen ihre grundlose Ablehnung an solche Nebensächlichkeiten wie die Form des Kinns, einen Dialekt oder die Breite der Krawatte. Die tatsächliche Kompetenz oder Inkompetenz im Beruf bleibt außer acht. Dieses Vorurteil nenne ich *die Caesarianische Schlußfolgerung.*

*Versteckte Trägheit*

Ein sicheres Kennzeichen der Endplazierung ist die Gewohnheit, *Witze zu erzählen,* statt die anfallende Arbeit zu erledigen.

*Structurophilie*

Die Bauwut (Structurophilie) ist eine zwanghafte Beschäftigung mit Gebäuden (ihrer Planung, dem Bau, der Pflege und dem Umbau), verbunden mit einem wachsenden Desinteresse an der Arbeit, die im Innern des Gebäudes erledigt wird (oder erledigt werden sollte). Structurophilie habe ich auf allen hierarchischen Stufen beobachtet. Ihre feinste Ausprägung findet sie unzweifelhaft bei Politikern und Universitätspräsidenten. In ihrer extremen pathologischen Erscheinungsform (*gargantuan monumentalis*) erreicht sie ein Stadium, wo das Opfer unter dem Zwang steht, riesige Grabstätten oder Denkmäler zu errichten. Die alten Ägypter und moderne Südkalifornier scheinen schwer unter dieser Krankheit gelitten zu haben.

Structurophilie ist von uninformierten Beobachtern auch als Bau-Komplex bezeichnet worden. Wir müssen jedoch genau zwischen der einfachen Beschäftigung mit Bauwerken und dem Bau-Komplex unterscheiden, der eine Anzahl eng verbundener, zusammenhängender und zueinander in Beziehung stehender Geistesrichtungen betrifft. Der Bau-Komplex erfaßt leicht Philantropen, die das Erziehungssystem, das Gesundheitswesen oder das kirchliche Leben verbessern wollen. Sie ziehen Experten auf diesen Gebieten zu Rate und stoßen dabei auf so viele, die ihre jeweilige Stufe der Unfähigkeit erreicht haben, daß die Aufstellung eines brauchbaren Programms unmöglich wird. Das einzige, worüber man sich einigen kann, ist die Errichtung eines neuen Gebäudes. Häufig leidet der als Berater hinzugezogene Erzieher, Mediziner oder Kirchenmann an Structurophilie. Deshalb lautet seine Empfehlung an den Spender: «Errichten Sie ein neues Gebäude.» Gemeindekomitees, Schulbeiräte und Gründungsausschüsse befinden sich in der gleichen schwierigen Lage. Sie stehen jeweils vor so viel Unfähigkeit, daß sie ihr Geld lieber in Gebäude als in Menschen oder Programme investieren. Ebenso wie bei anderen psychologischen Komplexen führt dies zu einem seltsamen Verhalten.

Akte kirchliche Vorhaben, Fall Nr. 64. Der Kirchenrat der Ersten Euphorischen Kirche in Excelsior machte sich Sorgen wegen des rückläufigen Kirchenbesuchs. Viele Vorschläge, wie man dem abhelfen könnte, wurde geprüft. Eine Gruppe empfahl, den Geistlichen auszuwechseln. Sie hatte genug von den hergebrachten Predigten des Pfarrers Theo Log, der wenig zu den Problemen des modernen Menschen zu sagen wußte. Man lud also Gast-Prediger ein, die sich mit aktuellen Themen wie: die sexuelle Revolution, das Generationsproblem, die Sinnlosigkeit des Krieges und die neue Moral beschäftigten. Nun drohten einige der konservativ denkenden Gemeindemitglieder mit Austritt aus der Kirche, falls weiter solche «abseitigen Predigten» gehalten würden. Innerhalb des Kommitees kam man schließlich zu dem Ergebnis, daß eine Spendenaktion zum Bau einer neuen Kirche die akzeptabelste Lösung sei. Der alte Prediger mit seinem bescheidenen Gehalt wurde wieder eingestellt. Nach Fertigstellung des neuen Gebäudes dämmerte es dem Kirchenrat, daß die kleine Gemeinde in der neuen großen Kirche noch kleiner wirkte. Die Empfehlung, einen tatkräftigen, dynamischen Geistlichen einzustellen, wurde erwogen und wieder verworfen, weil man es für unmöglich hielt, für ein so niedriges Gehalt einen besseren Mann zu finden. Außerdem, so fürchtete man, könnte ein Wechsel auch die Sammelaktion für eine neue Orgel und den Bau eines neuen Gemeindezentrums negativ beeinflussen.

*Wer ist was*

Gewöhnlich hat das Structurophilie-Opfer den krankhaften Wunsch, daß ein Gebäude oder Monument nach ihm benannt wird. Der Bau-Komplex macht dagegen denjenigen zu schaffen, die in irgendeinem Bereich des menschlichen Lebens Verbesserungen durchsetzen möchten, dabei aber nicht mehr bewerkstelligen als die Errichtung eines neuen Gebäudes.

## Ticks und seltsame Gewohnheiten

Kurz nach der Endplazierung stellen sich meist ausgefallene körperliche Angewohnheiten und der eine oder andere Tick ein. Ein bemerkenswertes Beispiel dafür ist *Heeps Reiben der Handflächen*, das von Charles Dickens so genau beschrieben und lebendig geschildert worden ist.

Erwähnen möchte ich in diesem Abschnitt auch solche Angewohnheiten wie Nägelkauen, mit den Fingerspitzen oder mit Bleistiften auf Tischplatten trommeln, Knöchelknacken, mit Federhaltern und Heftklammern spielen, sinnloses Spannen und Loslassen von Gummibändern und tiefes Seufzen ohne ersichtlichen Grund.

Gelegentlich bleibt das Endplazierungs-Syndrom nur deshalb unbemerkt, weil der mit diesem Leiden Behaftete sich angewöhnt, endlos ins Leere zu starren. Ungeübte Beobachter neigen oft zu der Annahme, der Kranke grüble über die drückende Last der Verantwortung nach, die ihm sein Amt auferlegt. Hierarchologen wissen es besser.

## Verräterische Sprachgewohnheiten

*Den Zuhörer narren*

Die *Initial- und Zahlencodophilie* ist der Zwang, sich mit Hilfe von Buchstaben und Zahlen, statt mit Wörtern auszudrücken. Ein Beispiel: «F. O. B. ist in N. Y. als K. O. im L. I. der B. U. bei 802.»

Nach einiger Zeit (wenn überhaupt) dämmert dem Zuhörer, daß von Frederick Orville Blamesworthy die Rede ist, der in New York als Koordinator im Lehrmittel-Institut der Boondock-Universität arbeitet und sich gerade mit dem Gesetz 802 beschäftigt. Doch die Entschlüsselung dauert so lange, daß der Gesprächspartner gar nicht bemerkt, wie wenig der Redner über die ganze Geschichte im Grunde weiß. Codophilisten gelingt es auf diese Art, Triviales bedeutsam klingen zu lassen. Genau das wollen sie auch.

*Viele Worte, wenig Gedanken*

Viele Arbeitskräfte, die die Endplazierung erreicht haben, hören auf zu denken oder schränken es zumindest stark ein. Um dies zu verbergen, entwickeln sie eine Allzweckkonversation. Männer, die in der Öffentlichkeit stehen, arbeiten Allzweck-Reden aus. Diese Reden bestehen aus Phrasen, die zwar eindrucksvoll klingen, aber so vage sind, daß sie sich für jede

Situation eignen. Um sich der jeweiligen Zuhörerschaft anzupassen, können von Fall zu Fall einige Worte ausgewechselt werden.

Meine «Management-Papierkorb- und -Abfalleimer-Studie»* führte zur Entdeckung folgender Notizen, bei denen es sich offensichtlich um die Fragmente des Rohentwurfs zu einer Allzweck-Rede handelt. Den Namen des Verfassers will ich verschweigen, denn der Autor hat schon Schwierigkeiten genug. Mein Ziel ist Erziehung, nicht Erniedrigung. Hier sind seine Notizen:

Meine Damen und/oder Herren,
in diesen unruhigen Zeiten ist es mir eine Ehre, zu Ihnen über die so bedeutsame . . . zu sprechen. Es handelt sich um einen Bereich, in dem großartige Fortschritte erzielt wurden. Wir sind natürlich – und zu Recht – auf die auf unserem Gebiet erzielten Erfolge stolz. Doch wir müssen auch an jene Persönlichkeiten und Gruppen denken, die, in größerem Zusammenhang gesehen, so Außerordentliches dazu beigetragen haben, sei es im regionalen, nationalen und – darf ich es sagen? – im internationalen Rahmen.

Wir sollten die Wunder, die durch persönlichen Einsatz, Entschlußfreudigkeit und Beharrlichkeit verwirklicht werden können, niemals unterschätzen. Doch ich glaube, es wäre vermessen, wenn wir erwarten wollten, daß wir die Probleme, mit denen die besten Köpfe der verflossenen und gegenwärtigen Generation vergeblich gerungen haben, kurzerhand lösen könnten. Lassen Sie mich zusammenfassend meine Haltung wertfrei, aber auch unmißverständlich darlegen. Ich unterstütze den Fortschritt; ich wünsche den Fortschritt; ich hoffe, den Fortschritt zu erleben! Doch was ich verlange, ist ein echter Fortschritt, nicht eine bloße Veränderungssucht um der Veränderung willen. Meine Freunde, dieser tatsächliche Fortschritt wird nach meiner Meinung nur dann verwirklicht, wenn und solange wir uns innerlich unverbrüchlich unserem großen geschichtlichen Erbe verpflichtet fühlen, diesen großen Traditionen, auf denen jetzt und für immer unsere wahre Stärke beruht.

## Ein Wort an die Kenner

Achten Sie in Ihrer Umgebung auf die oben beschriebenen Merkmale. Sie werden Ihnen bei der Analyse Ihrer Mitarbeiter eine große Hilfe sein. Ihre schwierigste Aufgabe ist jedoch die Selbstanalyse. Hierarchologe, heile dich selbst!

* Die Untersuchung mußte leider abgebrochen werden. Einige Firmen stellten verschlossene Abfalleimer in ihren Büros auf, um einen Ideendiebstahl durch die Konkurrenz zu verhindern. Müllverwertungsfirmen laden den Inhalt jeden Tag in einen Spezialwagen, wo er sofort zu einer grauen, unentwirrbaren Masse zermahlen wird.

# 13. Gesundheit & Glück bei Null BQ – Möglichkeit oder Wunschtraum?

Für die kommenden Plagen haben sie keinen Blick,
sie denken nicht über den Tag hinaus.
*T. Gray*

Wenn ein Angestellter seine Stufe der Unfähigkeit erreicht (*Peters Plateau*), bedeutet das, daß er einen Beförderungs-Quotient (BQ) von Null* hat. In diesem Kapitel werde ich zeigen, wie unterschiedlich Angestellte in dieser Situation reagieren.

*Der nackten Wahrheit ins Auge sehen*
*(Nicht empfehlenswert)*
Der Angestellte ist sich völlig darüber im klaren, daß er seine Endplazierung erreicht und seine Stufe der Inkompetenz erklommen hat. Er weiß, daß er mehr gegessen hat, als er verdauen kann, daß er «oben» ist oder «es geschafft» hat. (Diese Begriffe sind synonym.)

Wer fähig ist, solche Wahrheiten zu akzeptieren, neigt dazu, Unfähigkeit mit Nachlässigkeit zu verwechseln. Er glaubt, daß er nicht hart genug arbeitet und fühlt sich schuldig.

Er glaubt, daß er durch harte Arbeit die Anfangsschwierigkeiten in seiner neuen Position überwinden kann und dann kompetent wird. Deshalb treibt er sich selber gnadenlos an, läßt Kaffeepausen ausfallen, arbeitet auch während der Mittagszeit und nimmt abends und am Wochenende noch Arbeit mit nach Hause.

Er fällt nach kürzester Zeit der Endplazierungs-Krankheit zum Opfer.

*Unwissenheit ist ein Segen*
Viele Angestellte und Beamte erkennen nie, daß sie ihre Stufe der Unfähigkeit erreicht haben. Sie sind stets emsig an der Arbeit, verlieren nie ihren Glauben an eine weitere Beförderung und bleiben deshalb *glücklich und gesund.*

Natürlich werden Sie fragen: «Wie schafft man das?»

* Beförderungs-Quotient: der numerische Ausdruck für die Beförderungschancen eines Mitarbeiters. Wenn der BQ bis auf Null absinkt, kommt eine Beförderung nicht mehr in Betracht. Ausführlich behandelt wird der BQ in *‹Das Peter-Profil›*, einer unveröffentlichten Studie über die mathematischen Aspekte der Unfähigkeit.

*Anstatt den eigentlichen Aufgaben seines Amtes nachzukommen, ersetzt man sie durch andere Pflichten, die dann bis zur Perfektion erfüllt werden.*

Ich werde verschiedene Substitutionstechniken beschreiben.

*Technik Nr. 1: Ständige Vorbereitung*

Wenn ein kompetenter Mitarbeiter vor einer wichtigen Aufgabe steht, beginnt er einfach mit der Arbeit. Der Mann des Ersatzes dagegen zieht es vor, sich mit vorbereitenden Maßnahmen zu beschäftigen. Hier einige wohlerprobte Methoden:

a) *Sich von der Notwendigkeit der Tätigkeit überzeugen.* Der wahre Ersatz-Mann kann niemals genügend Beweismaterial zusammentragen. «Vorsicht ist die Mutter der Porzellankiste» und «Eile mit Weile» sind seine bevorzugten Sprüche.

*Verwende genügend Zeit darauf, die Notwendigkeit zu prüfen, und die Notwendigkeit, etwas zu tun, wird verschwinden* (*Peters Prognose*).

Wenn beispielsweise eine Hilfsaktion zur Bekämpfung einer Hungersnot organisiert werden soll, braucht man nur lange genug zu prüfen, ob ein echtes Bedürfnis für eine solche Aktion vorliegt. Dann wird man schon nach einiger Zeit feststellen, daß gar kein Bedarf mehr vorhanden ist.

b) *Prüfe Alternativmöglichkeiten* für das, was getan werden soll. Nehmen wir an, eine langwierige Prüfung bestätigt die Notwendigkeit, etwas zu unternehmen. Der Ersatz-Mann will dann ganz sichergehen, daß er auch wirklich den erfolgreichsten Weg einschlägt, gleichgültig, wie lange es dauert, bis er ihn gefunden hat. Die Technik der Alternativsuche ist in sich eine Ersatzhandlung und eine weniger beunruhigende Erscheinung als das Wanken-und-Wackeln-Syndrom.

c) *Den Rat eines Experten einholen*, damit die schließlich ausgewählte Methode auch möglichst rationell und wirkungsvoll angewendet wird. Komitees werden gebildet, um das Problem zu studieren. Bei einer Variante dieser Technik, der *Suche nach Präzedenzfällen*, wendet man sich an verblichene, statt an lebende Experten.

d) *Eins nach dem andern.* Zu dieser Technik gehören exakte, sorgfältig ausgearbeitete, zeitraubende Vorbereitungen jeder Einzelheit: Der Aufbau reichlich bemessener Reserven an überflüssigen Formularen, überflüssigen Geräten, überflüssigem Vorrat, überflüssigem Geld etc. Damit soll erst einmal die *gegenwärtige Position konsolidiert werden*, ehe man sich neuen Zielen zuwendet.

*Ständige Vorbereitung: Ein lehrreiches Beispiel*
Hier ein interessanter Fall, der die Anwendung einiger dieser Techniken demonstriert. Grant Swinger, Chef der Sozialbehörde von Deeprest, stand im Ruf großer Fähigkeiten, weil er über eine ungewöhnliche Begabung verfügte, Regierungsbehörden und gemeinnützige Stiftungen dazu zu bewegen, sich finanziell an ehrenwerten örtlichen Vorhaben zu beteiligen.

Eines Tages wurde der Armut der Krieg erklärt. Swinger wurde zum Koordinator des Anti-Elend-Programms von Deeprest ernannt. Man ging davon aus, daß jemand, der so gut mit den Mächtigen umzugehen verstand, auch besonders befähigt sein müsse, den Schwachen zu helfen.

Während dieses Buch gedruckt wird, ist Swinger noch emsig damit beschäftigt, ein prunkvolles Bürogebäude hochzuziehen. Es soll ihn und seine Mannschaft beherbergen und gleichzeitig ein Monument des heroischen Kampfes gegen die Not werden. (Eins nach dem andern.)

«Die Armen sollen sehen, daß ihre Regierung sie nicht vergessen hat», erklärt Swinger.

Als nächsten Schritt plant er, ein beratendes Gremium für das Anti-Elend-Programm ins Leben zu rufen (Expertenrat einholen.) Dann sollen Mittel für eine Studie über die Probleme der Armut beschafft werden. (Die Notwendigkeit bestätigen.) Später ist eine Studienreise durch die westliche Welt geplant, die Erkenntnisse über Vorbereitung und Durchführung ähnlicher Projekte vermitteln soll. (Alternativlösungen studieren.)

Man muß darauf hinweisen, daß Swinger vom Morgen bis in den Abend hinein beschäftigt ist, daß ihm seine neue Aufgabe Freude macht und daß er fest davon überzeugt ist, seine Sache gut zu machen. Bescheiden weist er den Vorschlag zurück, seinen guten Ruf zu nutzen und bei den nächsten Wahlen zu kandidieren. Kurz, er hat sehr erfolgreich für *Ersatzhandlungen* gesorgt.

*Technik Nr. 2: Spezialisierung auf Nebensächliches*
P. Gladmann wurde zum Chef eines heruntergewirtschafteten, unrentabel arbeitenden Zweigwerkes der Sagamor-Sofafabrik ernannt. Sein Auftrag war, die Produktion zu steigern und endlich wieder Gewinne zu erwirtschaften.

Er war unfähig für diese Aufgabe, erkannte das sofort und gab es deshalb rasch auf, sich Gedanken über die Produktivität zu machen. Er *ersetzte* sie durch großen Eifer bei der inneren Organisation der Fabrik und der Verwaltung.

Den größten Teil seiner Zeit verbrachte er damit, sich zu vergewissern, daß es keine Reibungen zwischen Belegschaft und Management gab, daß die Arbeitsbedingungen zufriedenstellend waren und daß alle Beschäftigten des Werkes sich wie eine «große, glückliche Familie fühlen», wie er es nannte.

Zu seinem Glück hatte Gladman als stellvertretenden Werksleiter D. Dominy mitgebracht, einen jungen Mann, der seine Stufe der Unfähigkeit noch nicht erreicht hatte. Dank Dominys energischen Maßnahmen wurde das Zweigwerk wieder zu neuem Leben erweckt und erwirtschaftete einen netten Profit.

Gladman erntete dafür die Anerkennung und war auf «seinen Erfolg» stolz. Er hatte in geeigneter Weise für Ersatz gesorgt und war glücklich dabei geworden.

«Kümmere dich um die Maulwurfshügel, die Berge sorgen für sich selbst», lautet der Merkspruch der Nebensächlichkeits-Spezialisten.

U. Tredwell war ein fähiger Konrektor in einer Volksschule von Excelsior. Er war seiner Aufgabe intellektuell gewachsen, sorgte für Disziplin bei den Schülern und gute Stimmung unter den Lehrern. Nach der Beförderung erreichte er als Rektor seine Stufe der Inkompetenz. Ihm fehlte das Fingerspitzengefühl im Umgang mit Elternorganisationen, Zeitungsreportern, dem zuständigen Schulrat und den gewählten Mitgliedern des Schulbeirates. Er fiel bei den Behörden in Ungnade, und das öffentliche Ansehen seiner Schule litt.

Tredwell entwickelte eine bemerkenswerte Form der Spezialisierung auf Nebensächlichkeiten. Er zeigte ein leidenschaftliches Interesse für ein bestimmtes Verkehrsproblem – die Stöße, Erschütterungen und Schwingungen, die durch das Hin- und Herlaufen von Schülern und Personal in Klassenzimmern, Fluren und Treppen hervorgerufen wurden.

Auf großformatigen Planskizzen des Gebäudes arbeitete er ein ausgeklügeltes System der Verkehrsströme aus. Er ließ in verschiedenen Farben Linien und Pfeile auf Wände und Fußböden pinseln und bestand auf strikter Einhaltung seiner Verkehrsregeln. Kein Kind durfte die weißen Linien überschreiten. Man stelle sich vor, was geschah, wenn ein Schüler während der Unterrichtszeit mit einem Auftrag von einem Klassenzimmer in einen anderen Raum auf der gegenüberliegenden Seite des Korridors geschickt wurde: Er mußte erst bis zum Ende des Gangs, dann um das Ende der weißen Linie herumgehen und schließlich auf der anderen Seite an ihr entlang zurücklaufen.

Tredwell verbrachte viel Zeit damit, durch das Gebäude zu streifen, um auf die Einhaltung seines Systems zu achten. Er schrieb Artikel darüber für Fachzeitschriften und begleitete Besuchergruppen von Nebensächlichkeits-Spezialisten aus dem Erziehungsbereich bei Rundgängen durch das Gebäude. Im Augenblick arbeitet er an einem Buch über dieses Gebiet, das mit vielen Plänen und Fotografien ausgestattet sein wird.

Tredwell ist aktiv und zufrieden, erfreut sich bester Gesundheit und weist nicht das geringste Anzeichen des Endplazierungs-Syndroms auf. Ein weiterer Triumph der *Spezialisierung auf Nebensächlichkeiten*!

*Technik Nr. 3: Einbildung statt Leistung*

Mrs. Vender, die an einem Gymnasium in Excelsior Mathematik unterrichtet, verbringt einen großen Teil der Unterrichtszeit damit, ihren Schülern zu erzählen, wie interessant und wichtig Mathematik ist. Sie spricht über die Geschichte, den gegenwärtigen Stand und die vermutliche zukünftige Entwicklung der Mathematik. Das eigentliche Pensum gibt Mrs. Vender den Schülern als Hausaufgabe auf.

Mrs. Venders Unterricht ist geistvoll und interessant. Die meisten Schüler halten sie für eine gute Lehrerin. Sie kommen in diesem Fach zwar nicht so recht voran, glauben aber, das liege einfach daran, daß es so schwierig sei.

Mrs. Vender glaubt ebenfalls fest daran, daß sie eine gute Lehrerin ist. Sie meint, daß nur die Eifersucht anderer, weniger fähiger Lehrer, die in der Hierarchie über ihr stehen, ihre Beförderung verhindert. So genießt sie das angenehme Gefühl einer ständigen Selbstbestätigung.

Mrs. Vender leistet Ersatzhandlungen. Ihre Technik ist keineswegs ungewöhnlich und kann bewußt oder unbewußt angewendet werden. Das Rezept: Um persönliche Befriedigung zu erlangen, ist *eine Unze Einbildung soviel wert wie ein Pfund Leistung* (*Peters Placebo*).

Merke: Obwohl diese Technik dem Benutzer Befriedigung verschafft, befriedigt sie nicht notwendigerweise auch den Arbeitgeber!

Politiker aller Grade sind Meister in Peters Placebo. Sie sprechen über die Bedeutung, die Unantastbarkeit und die faszinierende Geschichte des demokratischen Systems (oder des monarchistischen, des kommunistischen oder des Stammessystems, je nachdem), tun aber wenig oder nichts, um die eigentlichen Pflichten ihres Amtes zu erfüllen.

Beliebt ist diese Technik auch bei Künstlern. A. Fresco, ein Maler in Excelsior, schuf einige erfolgreiche Gemälde, ging dann aber wohl der künstlerischen Inspiration verlustig. Er verlegte sich darauf, Reden über die Bedeutung der Kunst zu halten.

Typisch ist auch der Kaffeehaus-Schreiber, der daheim oder in Übersee den ganzen Tag in einem Lokal sitzt und über den Sinn der Schriftstellerei philosophiert, anderen Autoren ihre Fehler ankreidet und von den großen Werken berichtet, die er selber eines Tages schreiben wird.

*Technik Nr. 4: Völlige Belanglosigkeit*

Diese Technik ist kühn und hat oft gerade deswegen Erfolg.

Wie wir gesehen haben, vollbringen der ständig mit Vorarbeiten Beschäftigte, der Spezialist für Nebensächliches und der Schönredner keine nützliche Arbeit – zumindest nicht die, die sie eigentlich erledigen sollten. Aber sie tun etwas oder reden über etwas, das irgendwie noch mit ihrem Job zusammenhängt. Manchmal bemerken zufällige Beobachter – oft sogar Kollegen – nicht einmal, daß diese Leute Ersatzhandlungen vollbringen, statt nützliche Arbeit zu leisten.

Der völlig Irrelevante dagegen versucht in keiner Weise zu verbergen, daß er sich nicht um seine Aufgaben kümmert.

F. Helps, Präsident der Rad und Achsen AG, verbringt seine ganze Zeit damit, sich im Vorstand wohltätiger Organisationen nützlich zu machen. Er führt Sammelaktionen durch, plant Hilfsmaßnahmen, spornt die freiwilligen Mitarbeiter an und überwacht die hauptamtlichen Helfer. Sein eigenes Büro betritt er nur, um ein paar wichtige Papiere zu unterschreiben.

Während seiner irrelevanten Tätigkeit arbeitete Helps Schulter an Schulter mit T. Merritt zusammen. Dieser ehemalige Konkurrent, Vizepräsident der Rad und Achsen-Union auf Lebenszeit, ist inzwischen ein guter Freund. Merritt sitzt in den meisten Wohltätigkeits-Komitees, denen auch Helps angehört, und leistet in seinem Büro ebenfalls keine nützliche Arbeit mehr.

Messebeiräte, beratende Komitees bei Regierungsbehörden und Untersuchungsausschüsse sind ideale Jagdreviere für die *völlig Irrelevanten.*

In industriellen und anderen kommerziellen Hierarchien findet man diese Technik normalerweise nur in den oberen Rängen. In den familiären Hierarchien ist sie dagegen außerordentlich häufig bei Hausfrauen anzutreffen. Viele Frauen, die ihre Stufe der Unfähigkeit als Ehefrau und/oder Mutter erreicht haben, bringen es zu glücklichen und erfolgreichen Ersatzhandlungen. Sie widmen ihre Zeit und Energie völligen Belanglosigkeiten und überlassen Mann und Kinder sich selbst.

*Technik Nr. 5: Zeitweise Verwaltung*

Vor allem in großen, umfassenden Hierarchien kann ein unfähiger Mitarbeiter manchmal eine Ernennung auf Zeit erhalten. Er wird vorübergehend leitender Direktor einer anderen Abteilung oder Vorsitzender eines Komitees. Diese zeitlich begrenzte Tätigkeit unterscheidet sich grundlegend von der regulären Arbeit des Angestellten.

Sehen wir uns den Vorgang genauer an. Der Angestellte braucht nicht mehr länger zu versuchen, seine eigene Arbeit zu bewältigen (was er ohnehin nicht kann, da er seine Stufe der Unfähigkeit erreicht hat). Außerdem kann er sich in seiner neuen Position mit guter Begründung vor jeder Verantwortung drücken.

«Diese Entscheidung kann ich leider nicht treffen. Wir müssen sie dem neuen Direktor überlassen, wann auch immer er ernannt wird.»

Ein geschickter *Verwalter auf Zeit* kann damit auf Jahre hinaus fortfahren. Er übernimmt einen vorübergehenden Posten nach dem anderen und genießt echte Befriedigung auf Grund seiner Ersatzhandlungen.

*Technik Nr. 6: Konvergente Spezialisierung*
Wer feststellt, daß er unfähig ist, sämtliche Verpflichtungen, die ihm aus seiner Stellung erwachsen, zu erfüllen, ignoriert einfach die meisten und konzentriert seine Aufmerksamkeit und Energie auf eine bestimmte kleine Aufgabe. Wenn der Konvergenz-Spezialist für sie kompetent ist, bleibt er dabei. Andernfalls wird er sich noch enger spezialisieren.

F. Naylor, Direktor der Kunstgalerie der Stadt Excelsior, kümmert sich nicht um Neuerwerbungen, Ausstellungen, Finanzierungsprobleme oder die Erhaltung des Gebäudes. Er verbrachte seine gesamte Zeit damit, entweder in der Rahmenwerkstatt der Galerie zu arbeiten oder Forschungsmaterial für seine ‹*Geschichte des Bilderrahmens*› zu sammeln. Nach meiner letzten Information ist Naylor zu der Erkenntnis gekommen, daß er niemals das gesamte Gebiet der Rahmenkunde beherrschen wird. Deshalb hat er sich entschlossen, sich auf das Studium der verschiedenen Leimarten zu beschränken, die für Bilderrahmen benutzt wurden oder benutzt werden könnten.

Ein Historiker wurde zur führenden Autorität hinsichtlich der ersten dreißig Minuten der Reformation.

Viele Mediziner haben sich dadurch einen Ruf erworben, daß sie sich dem Studium von Leiden widmeten, von denen es nur drei oder vier bekannte Fälle gibt. Andere sind zu Spezialisten geworden, indem sie sich nur mit einem winzigen Teilgebiet des Organismus beschäftigten.

Ein Akademiker, der unfähig ist, Sinn und Wert literarischer Arbeiten zu erfassen, verfaßt vielleicht eine Untersuchung mit dem Titel: «Eine vergleichende Studie über die Verwendung des Kommas in den Werken Otto Scribbler».

## Substitution wird empfohlen

Die Beispiele, die ich erwähnte, zeigen ebenso wie andere, die Sie vielleicht selbst beobachtet haben, daß vom Standpunkt des Arbeitnehmers aus Ersatzhandlungen bei weitem die befriedigendste Art sind, sich mit dem Ende der Karriere abzufinden.

Wirkungsvolle Ersatzhandlungen werden normalerweise die Entwicklung des Endplazierungs-Syndroms verhindern. Sie erlauben dem Angestellten, für den Rest seiner Berufsjahre gesund und glücklich auf seiner Stufe der Inkompetenz zu arbeiten.

# 14. Schöpferische Unfähigkeit

Tue nie soviel, wie du glaubst, tun zu können.
*Baruch*

Erscheint Ihnen meine Darlegung des Peter-Prinzips als eine Philosophie der Verzweiflung? Erschreckt Sie der Gedanke, daß die Endplazierung mit ihren unangenehmen physischen und psychologischen Folgen das Ende Ihrer Karriere bedeutet? Angesichts solcher Fragen möchte ich dem Leser ein Messer geben, mit dem er den gordischen Knoten dieser Philosophie durchschneiden kann.

## Es ist besser, eine Kerze anzuzünden, als das Elektrizitätswerk zu verfluchen

Sie werden jetzt vielleicht sagen, daß man eine Beförderung natürlich einfach ablehnen kann und dann glücklich eine Tätigkeit beibehalt, für die man kompetent ist.

*Ein interessantes Beispiel*
Die direkte Ablehnung einer Beförderung bezeichnet man als *Peters Abwehr*. Sie scheint sehr einfach, doch habe ich lediglich *ein* Beispiel für ihre erfolgreiche Anwendung gefunden.

T. Sawyer, ein Anstreicher der Beamish-Baugesellschaft, arbeitete so fleißig, tüchtig und zuverlässig, daß ihm mehrfach der Posten des Vorarbeiters angeboten worden war.

Sawyer schätzte seinen Chef und hätte gern seinen Wunsch erfüllt. Doch er war glücklicher als einfacher Anstreicher. Er hatte keine Sorgen und konnte jeden Tag um halb fünf seinen Job an den Nagel hängen.

Er wußte, daß er als Vorarbeiter seine Abende und Wochenenden damit verbringen müßte, über die Arbeiten, die am nächsten Tag oder in der folgenden Woche zu erledigen wären, nachzugrübeln. Deshalb lehnte er eine Beförderung standhaft ab.

Sawyer, das muß man hier anmerken, ist unverheiratet, hat keine nahen Verwandten und nur ein paar Freunde. Deshalb kann er tun und lassen, was er will.

*Für viele von uns ist das nicht so leicht*
Für die meisten ist Peters Abwehr undurchführbar. Das zeigt beispielsweise der Fall des B. Loman, eines ganz gewöhnlichen Bürgers und Fami-

lienvaters, der eine Beförderung ablehnte.

Seine Frau überhäufte ihn sofort mit Vorwürfen: «Denk an die Zukunft deiner Kinder! Was werden die Nachbarn dazu sagen, wenn sie es erfahren? Wenn du mich wirklich lieben würdest, würdest du auch versuchen, vorwärtszukommen!» Und so ging das immer weiter.

Um nun auch wirklich herauszufinden, was die Nachbarn dazu sagen würden, vertraute Mrs. Loman die Ursache ihres Kummers einigen vertrauenswürdigen Freundinnen an. Die Neuigkeit verbreitete sich denn auch prompt in der ganzen Gegend. Lomans jüngster Sohn wollte die Ehre seines Vaters retten, prügelte sich mit einem Klassenkameraden und schlug ihm dabei zwei Zähne aus. Der nachfolgende Prozeß und die Zahnarztrechnungen kosteten Loman 1100 Dollar.

Lomans Schwiegermutter schürte Mrs. Lomans Empörung so lange, bis diese ihren Mann verließ und die Scheidung durchsetzte. In seiner Einsamkeit, seiner Enttäuschung und Verzweiflung beging Loman Selbstmord.

Nein, die Ablehnung einer Beförderung ist kein leichter Weg zu Glück und Gesundheit. Bereits zu Beginn meiner Forschungsarbeiten stellte ich fest, daß sich für die meisten Leute *Peters Abwehr nicht auszahlt.*

*Eine erhellende Beobachtung*

Als ich die hierarchische Struktur und die Aufstiegsmöglichkeiten der Arbeiter und Angestellten bei der Ideal Trivet-Gesellschaft studierte, fielen mir die sehr hübschen und gepflegten Parkanlagen rings um das Verwaltungsgebäude auf. Die samtartigen Rasenflächen und leuchtenden Blumenbeete verrieten einen hohen Grad gärtnerischer Begabung. Ich stellte fest, daß P. Greene, der Gärtner, ein glücklicher, sympathischer Mann war, der seine Blumen wirklich liebte und sein Werkzeug pfleglich behandelte. Er tat genau was, was ihm am meisten Spaß machte – nämlich Gartenpflege.

Er war dazu in jeder Beziehung befähigt – mit einer Ausnahme. Er verlor oder verlegte fast regelmäßig die Bestell- und Lieferscheine für das Material, das er von seiner Abteilung erhalten hatte. Dennoch kam er mit seinem Arbeitsmaterial gut zurecht.

Das Fehlen der Lieferscheine versetzte die Buchhaltung immer wieder in helle Aufregung, und Greene war schon mehrmals von dem Abteilungsleiter zur Rede gestellt worden. Seine Antworten waren vage.

«Vielleicht habe ich die Papiere zusammen mit den Büschen eingegraben.»

«Vielleicht haben die Mäuse im Geräteschuppen die Papiere gefressen.»

Wegen seiner Unfähigkeit im Umgang mit Papieren kam Greene nicht in die engere Wahl, als ein neuer Leiter für die Hausverwaltung gesucht wurde.

Ich habe mich mehrmals mit Greene unterhalten. Er war höflich und entgegenkommend, behauptete aber immer wieder, daß er die Unterlagen zufällig verlor. Dann sprach ich mit seiner Frau. Sie erzählte mir, daß er über die Arbeiten in seinem eigenen Garten streng Buch führte und die Kosten aller Obst- und Gemüsesorten, die er im Gewächshaus oder im Freien aufzog, genau zu kalkulieren imstande war.

*Ein Parallelfall?*
Ich befragte A. Messer, Meister in einer Eisengießerei. Sein kleines Büro schien in völliger Unordnung zu sein. Trotzdem zeigte meine Arbeitszeit-Studie, daß die Stöße alter Rechnungs- und Auftragsbücher, die Kästen voller Arbeitszettel, die mit unsortierten Akten vollgestopften Regale und die vielen, seit langem überholten Pläne an den Wänden mit Messers eigentlicher und sehr effektiver Arbeit im Grunde nichts zu tun hatten.

Ich weiß nicht, ob er seine Unordentlichkeit bewußt oder unbewußt benutzte, um seine Kompetenz zu tarnen und so eine Beförderung zum Werksleiter zu hintertreiben.

*Unfug mit Methode?*
J. Spellman war ein fähiger Lehrer. Sein berufliches Ansehen war groß, dennoch wurde ihm nie die Beförderung zum stellvertretenden Rektor angeboten. Das fiel mir auf, und ich zog Erkundigungen ein.

Ein höherer Beamter erzählte mir, daß Spellman seine Gehaltsschecks nie einlöst. «Alle drei Monate müssen wir ihn daran erinnern, wie nett es wäre, wenn er seine Schecks einlösen würde, damit wir unsere Abrechnungen fertigstellen können. Ich begreife einfach nicht, wie jemand es zuwege bringt, seine Schecks nicht zu kassieren.»

Ich fragte weiter.

«Nein, nein! Wir haben keinen Grund, ihm zu mißtrauen», war die Antwort. «Aber man fragt sich natürlich, ob er nicht irgendwelche privaten Einnahmequellen hat.»

«Hegen Sie den Argwohn, daß er in irgendwelche illegalen Geschäfte verwickelt sein könnte?» wollte ich wissen.

«Sicherlich nicht! Wir haben nicht die Spur eines Beweises in dieser Richtung. Ein guter Lehrer! Ein ausgezeichneter Mann! Glänzender Leumund!»

Trotz dieser Dementis zog ich den Schluß, daß die Hierarchie einem Mann nicht vertrauen kann, der seine Finanzen so in Ordnung hält, daß er nicht immer sofort zur Bank laufen und seine Schecks einlösen muß, um seine Rechnungen zu bezahlen. Kurz, Spellman war unfähig, sich so aufzuführen, wie man es von einem typischen Arbeitnehmer erwartet. Er hatte sich selber damit für eine Beförderung unmöglich gemacht.

War es nur ein blinder Zufall, daß Spellman gern Lehrer war und gar kein Interesse daran hatte, sich in die Verwaltung befördern zu lassen?

*Ist das ein Modell?*
Ich habe viele ähnliche Fälle untersucht, Fälle scheinbar absichtlicher Unfähigkeit. Nie konnte ich mit Sicherheit feststellen, ob die Verhaltensweise bewußt war oder unbewußten Motiven entsprang.

Doch eines war klar: Diese Angestellten oder Beamten hatten den Aufstieg nicht dadurch vermieden, daß sie eine Beförderung ablehnten – wir haben bereits gesehen, welche verheerenden Folgen das haben kann –, sondern indem sie erreichten, daß ihnen niemals eine Beförderung angeboten wurde.

## Heureka!

Dies ist ein unfehlbarer Weg, *die letzte Beförderung zu vermeiden; er ist der Schlüssel zu Glück und Gesundheit* bei der Arbeit und im Privatleben; er bedeutet *schöpferische Unfähigkeit.*

*Eine erprobte Methode*
Es spielt keine Rolle, ob Greene, Messer oder Spellman und andere Arbeitskräfte, die sich in einer ähnlichen Situation befinden, bewußt oder unbewußt die letzte Beförderung vermeiden. Was wirklich zählt, ist, daß wir von ihnen lernen können, wie man dieses so lebenswichtige Ziel erreicht («Lebenswichtig» ist nicht nur eine sprachliche Floskel; denn die korrekte Technik könnte Ihnen das Leben retten.)

Kurzgefaßt sagt die Regel: *Verbreiten Sie den Eindruck, daß Sie Ihre Stufe der Unfähigkeit bereits erreicht haben.*

Sie können das tun, indem Sie ein oder mehrere nicht-medizinische Symptome der Endplazierung simulieren.

Bei Gärtner Greene war eine milde Form der Papyrophobie festzustellen. Messer, der Meister in der Gießerei, konnte einem zufälligen Beobachter als fortgeschrittener Papyromane erscheinen. Der Lehrer Spellman, der mit der Einlösung seiner Gehaltsschecks zauderte, zeigte eine ernste – wenn auch ungewöhnliche – Art des Wanken-und-Wackeln-Syndroms.

Schöpferische Unfähigkeit erreicht die besten Resultate dann, wenn Sie den Bereich der Inkompetenz so wählen, *daß Sie bei der Erledigung der wichtigsten Aufgaben, die sich aus Ihrer gegenwärtigen Stellung ergeben, nicht ernsthaft behindert werden.*

*Subtile Techniken*
Bei Verwaltungsangestellten kann eine so wenig spektakuläre Gewohnheit wie die, am Feierabend stets die Schreibtischschubladen offen zu lassen, in einigen Hierarchien schon den gewünschten Effekt haben.

Auch die Zurschaustellung einer kleinlichen, aufdringlichen Sparsamkeit kann ein wirksames Mittel sein. Dazu gehört, daß man ständig das Licht ausschaltet, Wasserhähne zudreht, Heftklammern und Gummibänder vom Boden aufhebt und aus Papierkörben herausholt, während man sich ständig halblaut und in belehrendem Ton über die Tugend der Sparsamkeit verbreitet.

*Abseits der Masse*
Auch die Weigerung, einen Beitrag zum Sozialfonds der Firma oder der Abteilung zu leisten oder während der offiziellen Pausen Kaffee zu trinken, reicht aus, unliebsam aufzufallen. Man kann auch Butterbrote mitbringen und im Büro verzehren, obgleich alle anderen in der Kantine essen; oder ständig den Ventilator abdrehen oder das Fenster öffnen; oder sich weigern, etwas zu Hochzeits- und Abschiedsgeschenken beizusteuern. Wer sich durch eine Vielzahl solcher exzentrischer Handlungen absondert (der Diogenes-Komplex), wird genau die Atmosphäre von Ablehnung und Mißtrauen schaffen, die ihn für eine Beförderung disqualifiziert.

AUTOMOBIL-TAKTIK. Ein sehr erfolgreicher Abteilungsleiter vermied eine Beförderung, indem er sein Auto gelegentlich auf den für Firmenchef reservierten Parkplatz stellte.

Ein anderer leitender Angestellter fuhr stets ein Auto, das ein Jahr älter und 500 Dollar billiger war als die Autos seiner Kollegen.

PERSÖNLICHES AUFTRETEN. Die meisten Leute stimmen dem Spruch, daß Kleider noch lange keine Leute machen, *in der Theorie* zu, *in der Praxis* jedoch wird ein Mitarbeiter nach seinem Äußeren beurteilt. Hier gibt es also ein weites Feld für schöpferische Unfähigkeit.

Das Tragen unkonventioneller oder *ein wenig* schäbiger Kleidung, unregelmäßiges Baden oder *gelegentlich* ein verspäteter Gang zum Friseur und eine gewisse Nachlässigkeit beim Rasieren (eine *kleine*, aber auffallende Wunde mit einem *kleinen*, aber deutlich sichtbaren Flecken geronnenen Blutes oder ein paar übriggebliebene Bartstoppeln) sind wirkungsvolle Techniken.

Damen können eine *Spur zuviel oder zuwenig* Make-up tragen, *gelegentlich* kombiniert mit einer Frisur, die ihnen nicht steht oder die unpassend ist. Reichlicher Gebrauch eines starken Parfums und zuviel Schmuck leisten in vielen Fällen gute Dienste.

WEITERE BEISPIELE AUS DEM TÄGLICHEN LEBEN. Als Richtschnur und Anregung sollen noch einige hervorragende Beispiele schöpferischer Unfähigkeit angeführt werden, die ich während meiner Studien beobachtet habe.*

Herr F. machte der Tochter des Firmenchefs während der Jubiläumsfeier des Unternehmens einen Heiratsantrag. Das Mädchen hatte gerade ihr Abschlußexamen an einem europäischen Internat hinter sich, und F. hatte sie nie zuvor gesehen. Selbstverständlich bekam er die Tochter nicht, und ebenso selbstverständlich hatte er sich für jede weitere Beförderung unmöglich gemacht.

Fräulein L. schaffte es während derselben Party, die Frau des Chefs zu beleidigen, indem sie das etwas seltsame Lachen der alten Dame so nachäffte, daß diese es hören konnte.

Herr P. brachte einmal – und das genügte – einen Freund dazu, ihn im Büro anzurufen und ihm, P., mit fingierten Drohungen zuzusetzen. Unter den Augen und Ohren seiner Kollegen bat P. dramatisch um «Mitleid» und «etwas Zeit». «Sagen Sie meiner Frau nichts. Es würde sie töten, wenn sie es erführe.» War es nur einer der üblichen blöden Witze von P. oder ein inspiriertes Beispiel schöpferischer Unfähigkeit?

*Wiedersehen mit einem alten Freund*

Kürzlich befaßte ich mich erneut mit dem Fall von T. Sawyer, dessen erfolgreiche Anwendung von Peters Abwehr ich zu Beginn dieses Kapitels beschrieben habe.

In den letzten Monaten hat er billige broschierte Exemplare von ‹*Walden*›** gekauft und sie an Arbeitskollegen und Vorgesetzte verschenkt. Dabei hat er jeweils einige Bemerkungen darüber gemacht, daß es ein Vergnügen sei, keine Verantwortung zu tragen, und welche Freuden die tägliche Arbeit bereiten könne.

Bald darauf verfolgte er die Beschenkten mit eindringlichen Fragen, ob sie das Buch gelesen und was sie davon verstanden hätten. Diese zudringliche Form der Belehrung nenne ich den *Sokrates-Komplex*.

Sawyer berichtet, daß ihm niemand mehr eine Beförderung anbiete. Ich war natürlich enttäuscht, daß ich das einzige lebende Beispiel für eine *erfolgreiche* Ablehnung verloren hatte (erfolgreich in dem Sinne, daß eine naheliegende Beförderung abgelehnt worden war, ohne daß der Betroffene

* Ich nehme jedenfalls an, daß ich sie beobachtet habe. Das Kennzeichen der *perfekten* schöpferischen Unfähigkeit ist, daß niemand – selbst der *geübte Hierarchologe* nicht – jemals *sicher* sein kann, daß es sich nicht einfach um echte Inkompetenz handelt.

** Thoreau, Henry D. (1817–62): ‹*Walden oder Leben in den Wäldern*›, 1854.

dadurch unglücklich wurde). Doch diese Enttäuschung wurde wettgemacht durch das Vergnügen, einen eleganten Beweis dafür gefunden zu haben, daß

schöpferische Unfähigkeit stets Peters
Abwehr überlegen ist.

*Eine wichtige Vorsichtsmaßnahme*
Ein genaues Studium von Kapitel 12 gibt Ihnen viele Ideen zur Entwicklung Ihrer eigenen schöpferischen Unfähigkeit. Ich muß jedoch die ungeheure Bedeutung des Umstands betonen, daß Sie dabei *niemals zeigen dürfen, daß Sie eine Beförderung vermeiden wollen.*

Als Tarnung könnten Sie sogar gelegentlich in das Murren einstimmen: «Höchst seltsam, wie *manche* Leute hier befördert werden und andere nicht!»

## Wagen Sie es?

Wenn Sie die Endplazierung auf *Peters Plateau* noch nicht erreicht haben, können Sie eine Form der irrelevanten Unfähigkeit entwickeln.

Suchen Sie eine Methode, und wenden Sie sie emsig an. Sie bleiben dadurch auf Ihrer Stufe der Fähigkeit und können das befriedigende Gefühl genießen, eine nützliche Tätigkeit auszuüben.

Kein Zweifel, die schöpferische Unfähigkeit stellt ebenso hohe Anforderungen wie der traditionelle Wettlauf um einen höheren Posten!

# 15. Erweiterung der Darwinschen Lehre

Selig sind die Sanftmütigen, denn
sie werden das Erdreich besitzen.
*Matth. 5,5*

Bei der Untersuchung von Fähigkeit und Unfähigkeit haben wir uns bisher hauptsächlich mit beruflichen Problemen beschäftigt – jenen Mühen und Listen, mit deren Hilfe sich die Menschen in einer komplexen Industriegesellschaft durchs Leben schlagen.

Im folgenden Kapitel soll das Peter-Prinzip auf ein allgemeineres Problem angewendet werden, auf die Frage der *Lebensfähigkeit.* Kann die menschliche Rasse ihre Stellung behaupten oder in der Hierarchie der Entwicklung womöglich noch weiter nach oben vordringen?

## Peters Geschichtsdeutung

Der Mensch hat in der Hierarchie des Lebens viele Beförderungen erfahren. Bisher hat jeder Aufstieg – vom Baumbewohner zum Höhlenmenschen, Feuermacher, Steinpolierer, Bronzeschmelzer, zum Eisenschmied usw. – seine Überlebenschance als Spezies erhöht.

Die dünkelhafteren Mitglieder dieser Rasse glauben an einen endlosen Aufstieg, an eine Beförderung *ad infinitum.* Ich dagegen möchte behaupten, *daß der Mensch früher oder später seine Stufe der Lebensunfähigkeit erreichen muß.*

Zwei Dinge könnten dies verhindern: ein Mangel an Zeit oder zu wenige Rangstufen in der Hierarchie. Aber soweit wir übersehen können, ist die Zeit, die vor uns liegt, unbegrenzt (ob wir sie nun nutzen oder nicht). Auch gibt es wohl eine unendliche Zahl von existierenden oder denkbaren Rängen (verschiedene Religionen haben ganze Hierarchien von Engeln, Halbgöttern und Göttern oberhalb der heutigen Stufe der Menschheit beschrieben).

Auch andere Gattungen haben Aufwärtsentwicklungen erlebt und schließlich ihre Stufe der Lebensunfähigkeit erreicht. Der Dinosaurier, der Säbelzahn-Tiger und das Mammut entwickelten sich und gediehen auf Grund gewisser Fähigkeiten – Größe, Fangzähne, Flügel, Hauer. Doch gerade die Eigenschaften, die ihnen zunächst den Aufstieg ermöglichten, wurden später zur Ursache ihrer Inkompetenz. Man könnte sagen, daß die Fähigkeit stets schon den Keim der Unfähigkeit in sich trägt. General Goodwins hemdsärmelige Leutseligkeit, Miss Dittos Mangel an Phantasie, Mr. Drivers bestechendes Auftreten – *das alles waren Eigenschaften, die ihnen zur Beförderung verhalfen. Die gleichen Eigentümlichkeiten hinderten sie später jedoch am weiteren Aufstieg.* Ebenso haben viele Tiergattungen nach Äonen stetiger Entwicklung ihre Stufe der Unfähigkeit erlangt und sind statisch geworden oder haben ihre Super-Unfähigkeit erreicht und sind ausgestorben.

Das ist auch mit vielen menschlichen Gesellschaften und Kulturen geschehen. Einige Völker, die unter kolonialer Herrschaft aufblühten, unter der Vormundschaft stärkerer Nationen, erwiesen sich als unfähig, sobald sie ihre Autonomie erreichten. Andere Nationen, die sich als Stadtstaaten, Republiken oder Monarchien kompetent selbst regierten, zeigten sich unfähig, als imperialistische Mächte zu überleben. Zivilisationen, die unter Anfeindungen und Not gediehen, erwiesen sich als unfähig, mit den durch Erfolg und Überfluß entstandenen Belastungen fertig zu werden.

Und die menschliche Rasse als Ganzes? Es war die *Erfindungskraft,* die der Menschheit eine Beförderung nach der anderen beschert hat. Wird dieselbe Erfindungskraft sich eines Tages als Hemmnis für den weiteren Fortschritt erweisen? Oder wird sie die Menschheit sogar in den Zustand der Super-Unfähigkeit versetzen (vgl. Kapitel 3) und so für ihre rasche Entlassung aus der Lebens-Hierarchie sorgen?

## Zwei unheilvolle Zeichen

*1. Hierarchische Regression*

Die Aufgabe, die neuen Mitglieder der menschlichen Rasse zu formen und vorzubereiten, erfüllt die Gesellschaft durch die Schule. Ich habe das typische Schulsystem hinsichtlich der Lehrer, die in ihm arbeiten, bereits untersucht. Nun wollen wir sehen, wie die Schule die Kinder beeinflußt.

Das alte Schulsystem war ein Musterbeispiel für das Peter-Prinzip. Ein Schüler wurde so lange von Klasse zu Klasse versetzt, bis er seine Stufe der Unfähigkeit erreicht hatte. Dann hieß es, er sei sitzengeblieben und er mußte das Schuljahr wiederholen. Er mußte also auf seiner Stufe der Unfähigkeit bleiben. In manchen Fällen wuchs seine Kompetenz in dem Wiederholungsjahr, weil seine geistigen Fähigkeiten zunahmen. Dann war eine Versetzung möglich. In anderen Fällen blieb er wieder sitzen und mußte die Klasse von neuem durchmachen.

(Hier muß man anmerken, daß dieses «Versagen» das gleiche ist, was wir im Berufsleben «Erfolg» nennen – nämlich das Erreichen der Endplazierung auf der Stufe der Unfähigkeit.)

Den Vertretern der Schulbehörde gefällt dieses System ganz und gar nicht. Sie glauben, daß die Vielzahl unfähiger Schüler das Niveau der Schule drückt. Ein Verwaltungsbeamter sagte mir: «Am liebsten würde ich alle schlechten Schüler versetzen und die guten durchfallen lassen. Dann würden die Leistungen steigen, und wir würden bessere Prüfungsergebnisse erzielen. Die Ansammlung unbegabter Schüler senkt die Durchschnittsleistungen.»

Eine so extreme Ansicht würde wohl kaum allgemein akzeptiert werden. Um trotzdem eine Anhäufung von Unfähigen zu vermeiden, haben die Schulbehörden die Taktik entwickelt, alle zu versetzen – die unfähigen Schüler ebenso wie die fähigen. Die psychologische Rechtfertigung dafür finden sie in der Erkenntnis, daß man den Schülern damit das schmerzliche Erlebnis des Versagens erspart.

Was sie wirklich tun, ist die Anwendung der geräuschlosen Sublimierung auf unfähige Schüler.

Das Ergebnis dieser allgemein angewandten geräuschlosen Sublimierung ist, daß das Abitur heute denselben schulischen Leistungen entspricht, die früher in der Unterprima erreicht wurden. Im Laufe der Zeit wird das Niveau auf die Leistungen in der Obersekunda, Untersekunda usw. absinken.

Dieses Phänomen bezeichne ich als *hierarchische Regression.*

### *Die Folgen der hierarchischen Regression*

Examen, Diplome und Universitätsgrade verlieren ihren Wert als Maßstab für die Kompetenz. Unter dem alten System wußten wir, daß ein Schüler, der die achte Klasse nicht geschafft hatte, wenigstens bis zur siebten erfolgreich war. Wir wußten, daß ein Student, der im ersten Semester «gescheitert» war, zumindest das Abitur besaß usw.

Heute kann man das nicht mehr voraussetzen. Die heutigen Zeugnisse beweisen nur noch, *daß ein Schüler fähig war, eine gewisse Anzahl von Schuljahren über sich ergehen zu lassen.*

Das Abitur, früher ein weithin anerkanntes Zeugnis der Kompetenz, ist heute nur noch ein Dokument der Inkompetenz für die verantwortungsvollsten, gutbezahlten Posten.*

Nicht anders steht es mit der Universität. Staatsexamen und Diplome haben an Wert verloren. Lediglich die Promotion verleiht noch die Aura der Kompetenz. Aber ihr Wert wird durch die Einführung von Examen, die über den Doktorgrad hinausgehen, fortwährend vermindert. Wie lange wird es dauern, bis auch die Nach-Doktorate als Zeugnis der Unfähigkeit betrachtet werden und der ernsthafte Streber sich durch Nach-nach und Nach-nach-nach-Doktorprüfungen hindurchkämpfen muß?

* Es muß angemerkt werden, daß die hierarchische Regression kein Problem ist, das erst in der Gegenwart existiert. Vor langer Zeit wurde jeder, der Lesen und Schreiben konnte, für die wichtigsten Stellungen als geeignet angesehen. Dann entdeckte man, daß es eine wachsende Zahl schreibkundiger Narren gab, und die Arbeitgeber schraubten ihre Anforderungen an das Bildungsniveau höher. Alle neuen Examen galten zunächst als Befähigungs-Ausweis, bis sie schließlich in den Ruf gerieten, nur noch den Grad der Unfähigkeit zu bescheinigen.

Die Eskalation erzieherischer Bemühungen steigert das Tempo des Abstiegs. Viele Universitäten arbeiten heute beispielsweise nach dem gleichen Schüler-Lehrer-System (ältere Studenten unterrichten jüngere), das vor fünfzig Jahren in den Gymnasien verdammt wurde!

Die gesteigerten Bemühungen führen in den anderen Bereichen zu ähnlichen Ergebnissen. Unter dem Zwang, die Zahl der Ingenieure, Wissenschaftler, Priester, Lehrer, Autos, Äpfel, Raumfahrer, oder was man sonst noch braucht, zu vermehren und sie rascher zu bekommen, sinken die Anforderungen: Die hierarchische Regression setzt ein.

Sie als Verbraucher, Arbeitgeber, Handwerker oder Lehrer bemerken ohne Zweifel die Ergebnisse der hierarchischen Regression. Ich werde auf diese Frage noch einmal zurückkommen und Möglichkeiten erwähnen, wie man sie eventuell kontrollieren könnte.

2. *Inkompetenz per Computer*

Ein Betrunkener ist zeitweise unfähig, einen geraden Kurs zu steuern. Solange er zu Fuß geht, ist er vor allem eine Gefahr für sich selber. Setzt man ihn dagegen ans Steuer eines Autos, tötet er vielleicht noch eine Anzahl anderer Menschen, ehe er sich selber den Hals bricht.

Es bedarf eigentlich keiner ausführlichen Beweise. Je größer die Mittel sind, über die ich verfügen kann, um so größer ist der Nutzen oder Schaden, den ich durch meine Fähigkeiten oder Unfähigkeiten verursachen kann.

Buchdruckerkunst, Radio und Fernsehen haben jeweils die Fähigkeit des Menschen gesteigert, seine Unfähigkeit zu multiplizieren. Jetzt kommt noch der Computer hinzu.

*Akte Computereinsatz: Fall Nr. 11*

R. Fogg, Gründer und Chef der AG, AH, war ein Entwicklungsingenieur, der als Unternehmer schließlich seine Stufe der Unfähigkeit erreicht hatte. Fogg beklagte sich ständig über seinen schlechten Geschäftsführer, über miserable Angestellte und Buchhalter. Er sah nicht, daß sie eigentlich genauso tüchtig waren wie die Angestellten in anderen Betrieben. Einige hatten ihre Stufe der Unfähigkeit noch nicht einmal erreicht, leisteten deshalb sogar etwas und sorgten dafür, daß der Betrieb lief. Sie schafften es, aus Foggs wirren Instruktionen das herauszusieben, was für die Firma nützlich war, und die Anweisungen zu ignorieren, die ihr schaden mußten.

Ein Vertreter überzeugte Fogg, daß ein Computer so programmiert werden könne, daß er imstande sei, die meisten Büroarbeiten zu übernehmen und außerdem die Leistung im Produktionsbereich zu erhöhen. Fogg gab den Auftrag, der Computer wurde installiert und das nun «überflüssige»

Personal entlassen.

Doch bald mußte Fogg feststellen, daß die Arbeit nicht mehr so schnell und so gut wie vorher erledigt wurde. Computer haben zwei Eigenschaften, die Fogg nicht einkalkuliert hatte. (Zumindest hatte er nicht begriffen, daß sie für ihn von Bedeutung waren.)

a) Ein Cumputer streikt, sobald er unklare Anweisungen erhält. Es leuchten einfach ein paar Blinklichter auf, und das Gerät steht so lange still, bis es Informationen bekommt, die es verarbeiten kann.

b) Ein Computer kennt kein Taktgefühl. Er schmeichelt nicht. Er hat kein Urteilsvermögen. Er sagt nicht: «Selbstverständlich Herr . . ., sofort Herr . . ., wenn er falsche Instruktionen erhält, und tut später dann doch das Richtige. Solange die falschen Anweisungen korrekt gegeben werden, befolgt er sie.

Mit Foggs Firma ging es steil bergab, und bereits nach einem Jahr war sie bankrott. Sie war der *computerisierten Inkompetenz* zum Opfer gefallen.

Weitere abschreckende Beispiele. Das Erziehungsministerium in Quebec zahlte irrtümlicherweise 275 864 Dollar Stipendien aus. Der Fehler wurde von einem falsch programmierten Computer gemacht.

In einer New Yorker Bank setzte ein Computer aus. Konten mit einem Bestand von drei Milliarden Dollar blieben vierundzwanzig Stunden lang unbearbeitet.

Der Computer einer Luftfahrtgesellschaft druckte 6000 statt zehn Nachbestellungen. Die Gesellschaft sah sich plötzlich einer Lieferung von 5990 Paketen Pfefferminzschokolade zuviel gegenüber.

Eine Studie aus dem Jahre 1966 zeigt, daß 70 Prozent der in England zu diesem Zeitpunkt installierten Computer ein kommerzieller Mißerfolg waren.

Ein Computer erwies sich gegenüber statischer Elektrizität so anfällig, daß er jedesmal Fehler machte, wenn sich ihm eine Angestellte näherte, die Nylonstrümpfe trug.

*Drei Beobachtungen*

1. Der Computer selber kann inkompetent sein. Er ist dann nicht imstande, die Arbeiten, für die er gebaut wurde, exakt und regelmäßig durchzuführen. Diese Art der Unfähigkeit kann überhaupt nicht beseitigt werden, weil das Peter-Prinzip auch in den Fabriken gilt, wo Computer konstruiert und gebaut werden.
2. Auch wenn der Computer selber fähig ist, vervielfältigt er die Fehler, die infolge der Unfähigkeit seines Eigentümers oder der Bedienungsmannschaft gemacht werden.
3. Der Computer unterliegt dem Peter-Prinzip ebenso wie jedes

menschliche Wesen im Betrieb. Wenn er am Anfang gute Arbeit leistet, versucht man ihm immer schwierigere Aufgaben zu übertragen, und schließlich erreicht der Apparat seine Stufe der Unfähigkeit.

*Interpretation der Symptome*

Diese beiden Erscheinungen – die rasche Ausbreitung der hierarchischen Regression und die computerisierte Inkompetenz – entsprechen einem allgemeinen Trend, der, wenn er fortdauert, unvermeidlich zur allgemeinen Lebensunfähigkeit führen muß. Im dritten Kapitel sahen Sie, daß das zwanghafte Bestreben, einen *input* zu erzeugen (also mit großem Aufwand zu arbeiten), unter Umständen dazu führt, daß die eigentlichen Aufgaben der Hierarchie (*output*) nicht mehr erfüllt werden können. Nun sehen wir, daß der gedankenlose Ausbau des Erziehungssystems und die Automatisierung altmodischer oder irriger Methoden ebenfalls Beispiele für diese geistlose Steigerung des *input* sind. Unsere politischen, wissenschaftlichen, pädagogischen, industriellen und militärischen Führer betonen immer wieder, daß wir so schnell und so weit wie möglich vorwärtsschreiten. Dabei beflügelt uns allein der blinde Glaube, daß großer Aufwand auch großen Ertrag bringt.

Als Student der Hierarchologie erkennen Sie nun, daß die unermüdlichen Bemühungen der Gesellschaft, den Aufwand zu steigern nicht anderes als eine *Peters Inversion* in großem Maßstab sind.

## Der erste Fehler des Menschen: Das Rad

Sehen Sie sich die Ergebnisse an. Begreiflicherweise sind wir alle von unserer eigenen Klugheit und unserem Fortschrittstreben tief beeindruckt. Noch vor wenigen Jahrzehnten war Amerika übersät mit kristallklaren Seen und durchzogen von Strömen kalten, klaren Wassers. Der Boden spendete gesunde Nahrung. Ruhe und Schönheit der Natur waren dem Städter leicht zugänglich.

Heutzutage sind Seen und Flüsse Jauchegruben. Die Luft ist ungesund, weil sie von Rauch, Ruß und Abgasen verpestet ist. Land und Wasser sind von Pestiziden vergiftet. Vögel, Bienen, Fische und das Vieh sterben. Das Land ist nur noch eine Müllhalde für Abfall und alte Autos.

Und das nennt sich Fortschritt! Wir haben so gewaltige Fortschritte gemacht, daß wir nicht einmal mit Sicherheit sagen können, ob der Mensch eine Überlebenschance hat. Wir haben die Hoffnung dieses Jahrhunderts vernichtet und die Wunder der Wissenschaft nur dazu benutzt, ein Gruselkabinett einzurichten, in dem ein nukleares Gemetzel zum Todesurteil für die ganze Menschheit werden kann. Wenn wir so weitermachen und mit Fiebereifer noch mehr Fortschritte dieser Art planen, erfinden und bauen, werden wir die Stufe der *totalen Lebensunfähigkeit* erreichen.

*Eine neue Sozialwissenschaft weist den Weg*

Haben Sie manchmal das Gefühl, Sie hätten eine Verabredung mit dem großen Vergessen, möchten aber lieber absagen? Die Hierarchologie kann Ihnen zeigen, wie.

Von allen Vorschlägen, die für die Verbesserung des menschlichen Lebens und die Rettung der menschlichen Rasse gemacht wurden, stützt sich nur einer, das Peter-Prinzip, auf die tatsächliche Kenntnis des Menschen. Die Hierarchologie enthüllt das wahre Wesen des Menschen, sein ständiges Gebären neuer Hierarchien, seinen Drang, sie am Leben zu erhalten, und seine entgegengesetzte Neigung, sie wieder zu zerstören. Das Peter-Prinzip und die Hierarchologie stellen den einigenden Faktor für alle Sozialwissenschaften dar.

## Peters Heilmittel

Muß die gesamte menschliche Rasse bis zur Lebensunfähigkeit aufsteigen und sich damit ihren Ausschluß aus der Lebens-Hierarchie verdienen?

Ehe Sie diese Frage beantworten, sollten Sie sich fragen: «Welchen Sinn (*output*) hat die menschliche Hierarchie?»

In meiner Vorlesung «Das Schicksal liegt vor uns» sage ich meinen Studenten immer: «Wenn Sie nicht wissen, wohin Sie gehen, werden Sie vermutlich irgendwo anders landen.»

Kein Zweifel, wenn der Sinn der menschlichen Hierarchie die Zerstörung ist, besteht kein Bedarf für Peters Heilmittel. Wenn wir jedoch überleben und unsere Situation verbessern wollen, zeigen Peters Heilmittel (vom Vorbeugen bis zur Heilung) den Weg.

Ich biete an:

1. Peters Prophylaxe – Mittel, mit deren Hilfe man die Beförderung auf die Stufe der Unfähigkeit vermeiden kann.
2. Peters Linderungsmittel – für diejenigen, die bereits ihre Stufe der Unfähigkeit erreicht haben. Mittel, um das Leben zu verlängern und Glück und Gesundheit zu bewahren.
3. Peters Placebos – zur Unterdrückung der Symptome des Endplazierungs-Syndroms.
4. Peters Rezepte – Heilung von den Übeln der Welt.

## 1. Peters Prophylaxe – eine Unze Vorbeugung

Eine Prophylaxe im hierarchologischen Sinne ist eine vorbeugende Maßnahme, die man anwendet, ehe sich das Endplazierungs-Syndrom bemerkbar macht oder ehe die hierarchische Regression einsetzt.

*Die Macht des negativen Denkens*

Ich empfehle sehr nachdrücklich den gesundheitsfördernden Einfluß des negativen Denkens. Wenn Mr. Mal D'Mahr über die Schattenseiten der Stellung eines Firmenchefs nachgedacht hätte, würde er wohl kaum die Beförderung angenommen haben.

Nehmen wir an, er hätte sich gefragt: «Was werden die Aufsichtsratsmitglieder von mir denken? Was werden meine Untergebenen von mir erwarten? Was verlangt meine Frau von mir?»

Wenn Mal ständig über die negativen Aspekte der Beförderung nachgegrübelt hätte, wäre er dann noch so arbeitswütig geblieben und hätte schließlich seine Gesundheit zerstört?

Er war geistig kompetent und hätte die negativen Folgen durchaus berechnen können – einschließlich des veränderten Verhältnisses zu seinen Freunden, der widersprüchlichen Erwartungen, die seine Kunden, Aktionäre und Untergebenen in ihn setzten, der Verpflichtung, dem Country Club beizutreten, einen Frack zu besitzen, seiner Frau neue Garderobe zu kaufen, in der Gemeinde bei Geldspenden für alle möglichen Zwecke mit leuchtendem Beispiel voranzugehen. Er hätte an alle diese Dinge denken müssen, die mit der Beförderung verbunden waren.

Es hätte sehr gut sein können, daß er dann zu der Überzeugung gekommen wäre, daß das Leben auf der bisherigen Stufe bereits die Erfüllung bedeutete, daß er zufrieden war und daß es der Mühe wert sei, seinen sozialen Status, sein gesellschaftliches Leben, seine Arbeit und seine Gesundheit zu erhalten.

*Sie* können sich der Macht des negativen Denkens noch bedienen. Fragen Sie sich selber: «Würde es mir Spaß machen, für den Chef meines Chefs zu arbeiten?»

Betrachten Sie nicht Ihren Vorgesetzten, von dem Sie vielleicht annehmen, daß Sie ihn ersetzen könnten, sondern *seinen* Vorgesetzten. Würde es Ihnen gefallen, unmittelbar für den Mann zu arbeiten, der jetzt noch zwei Stufen über Ihnen steht? Die Antwort auf diese Frage ist oft schon von vorbeugender Wirkung.

Gegenüber der Unfähigkeit im Bereich der Gemeinde, des Staates oder auf weltweiter Ebene ist die Macht des negativen Denkens ebenfalls von großer Bedeutung.

Betrachten Sie zum Beispiel die Ergebnisse einer kostspieligen Expedition zur Erforschung der Tiefsee. Denken Sie einmal in Ruhe über die Unannehmlichkeiten auf dem Grund des Meeres nach und an die damit verbundene Lebensgefahr. Halten Sie sich demgegenüber die Bequemlichkeit und Sicherheit vor Augen, mit der Sie sich nachmittags neben dem Swimmingpool oder abends auf einer Strandparty vergnügen können.

Grübeln Sie einmal über den Gestank und die Gefahren nach, die damit verbunden sind, daß der gesamte Globus mit Insektengiften besprüht wird, und denken Sie daran, wie gesund es ist und wieviel Spaß es macht, seinen Garten mit der Hand zu besprengen.

Die Macht des negativen Denkens kann uns davor bewahren, daß wir uns selber in eine Lebensunfähigkeit hineinsteigern. Damit verhinderte sie auch eine Vernichtung der Welt.

*Ein anderes Mittel zur Vorbeugung:*
*Die schöpferische Unfähigkeit*

Als zweite Möglichkeit, das große Problem der menschlichen Lebensunfähigkeit zu lösen, wollen wir die Anwendung der schöpferischen Unfähigkeit untersuchen. Wir können ruhig weiter den Anschein erwecken, als strebten wir einen abermaligen Aufstieg in der Lebens-Hierarchie an. Dabei können wir jedoch ganz bewußt mit irrelevanter Unfähigkeit vorgehen und uns damit selbst davor bewahren, weiterbefördert zu werden.

(Mit «irrelevant» meine ich, «ohne die Versorgung mit Nahrungsmitteln oder Heizmaterial oder die Erziehung der Kinder in einer gesunden Umgebung zu beeinträchtigen, also ohne die wesentlichen Elemente des Überlebens in Frage zu stellen».)

Dafür ein Beispiel. Der Mensch hat auf und über der Erde, die er bewohnt, viele Transportprobleme kompetent gelöst. Ohne großen Zeitaufwand kann heute jeder jede Ecke des Globus erreichen, und er braucht dabei nicht mehr Mühen und Gefahren auf sich zu nehmen als bei einem Spaziergang durch die Straßen seines Wohnorts. (Wenn man zufällig in einer Großstadt lebt, sind die Gefahren sogar beträchtlich geringer!)

Ein Aufstieg innerhalb der Beförderungs-Hierarchie hebt den Menschen von der Stufe des Erdreisenden auf die Stufe des Raumfahrers. Es ist jedoch nur eine Steigerung um ihrer selbst willen. Der Mensch braucht den Mond, den Mars oder die Venus gar nicht persönlich zu erkunden. Er hat bereits Radar, Fernsehen und Fotografie eingesetzt und kann auf diesem Wege anschauliche Beschreibungen dieser Himmelskörper erhalten. Die bisherigen Berichte legen den Schluß nahe, daß es sich um unwirtliche Orte handelt.

Sicherlich ginge es dem Menschen ohne den Aufstieg zum Weltraumfahrer besser. Wie wir gesehen haben, ist es jedoch keineswegs leicht, eine Beförderung abzulehnen. Das sicherste, angenehmste und wirksamste Mittel, sie abzuwehren, ist, den Eindruck zu erwecken, daß man sie nicht verdient: Das bedeutet schöpferische Unfähigkeit.

Der Mensch hat heute die Chance, im Bereich der Weltraumfahrt* schöpferische Unfähigkeit zu beweisen. Er hatte die Chance, seiner gefährlichen Intelligenz Zügel anzulegen und ein wenig heilsame Unfähigkeit zu zeigen.

Die Krankheit zieht sich hin. Betrachten wir ein anderes Beispiel. Der Mensch hat sich in der Hierarchie der Heilkunst emporgearbeitet und ist von der Magie, Hexerei und Zauberheilung zur modernen Medizin und Chirurgie aufgestiegen. Heute ist er nahe daran, menschliche Wesen aus natürlichen und künstlichen Teilen zusammenzubauen. Dieser Schritt würde ihn vom Arzt zum Schöpfer befördern.

Doch gibt es angesichts von Bevölkerungsexplosion und weltweiter Hungersnot eine Notwendigkeit, diese Beförderung anzunehmen?

*Es liegt an Ihnen*

Sie brauchen nur ein wenig nachzudenken, um noch weitere Gebiete zu finden, auf denen die schöpferische Unfähigkeit – jene Demut – gut angebracht wäre.

Konfrontiert mit der Möglichkeit totaler Lebensunfähigkeit – etwa durch Verseuchung der Atmosphäre, einen Krieg mit nuklearen Waffen, eine weltweite Hungerkatastrophe oder das Eindringen von Mars-Bakterien –, wären wir gut beraten, Peters Prophylaxe anzuwenden.

Wenn wir negatives Denken und schöpferische Unfähigkeit praktizieren und es dadurch vermeiden, den allerletzten Schritt zu tun, würden die Überlebenschancen des Menschen steigen. *Peters Prophylactica verhindern pathologische Beförderungen.*

## 2. Peters Linderungsmittel – eine Unze Trost

Obgleich die menschliche Rasse als Ganzes ihre Stufe der totalen Lebensunfähigkeit noch nicht erreicht hat, steigen viele Individuen (wie wir gesehen haben) bis zu diesem Punkt auf. Sie sorgen dann selbst ziemlich schnell dafür, daß sie diese Welt verlassen.

Ich habe bereits einige Linderungsmittel erwähnt, mit denen diesen Leuten geholfen werden kann – Mittel, die sie befähigen, ihr Leben in ver-

* Die Pfuscherei, die Verzögerungen und Katastrophen im Bereich der Raumfahrt zeigen, daß die damit befaßten Menschen möglicherweise schöpferische Unfähigkeit beweisen. Ich sage «möglicherweise», weil der Test für echte schöpferische Unfähigkeit darin besteht, daß ein Beobachter nie mit Sicherheit sagen kann, ob die Unfähigkeit beabsichtigt ist oder nicht.

hältnismäßiger Ruhe und Zufriedenheit zu vollenden. Nun wollen wir sehen, wie solche Heilmittel in einem größeren Maßstab angewendet werden können.

*Die hierarchische Regression wird aufgehalten!*
Wie wir bereits sahen, wird die hierarchische Regression im Erziehungswesen durch eine geräuschlose Sublimierung großen Stils bei Schülern verursacht, die in früheren Zeiten durchgefallen wären.

Mein Vorschlag: Statt die geräuschlose Sublimierung anzuwenden, sollte man diesen Schülern die seitliche Arabeske ermöglichen.

Heute wird ein Schüler, der in der Quarta versagt, in die Untertertia versetzt. Nach meinem Plan würde er eine Arabeske machen: von der Quarta zu einer Art Jahreskurs «Akademisches Tiefenstudium für Anfänger». Er könnte dort das Pensum der Quarta nachholen, wobei besonderes Gewicht auf die Gebiete gelegt wird, in denen er zuvor versagt hat. Die spezielle Schulung, seine zunehmende Reife und – bei einigem Glück – ein kompetenterer Unterricht könnten ihn dann für die Untertertia reif machen.

Falls nicht, nun, seine Eltern würden wohl kaum etwas dagegen einzuwenden haben, wenn er ein Zweijahres-Stipendium für das «Fortgeschrittene Akademische Tiefenstudium» erhielte.

Wenn der Schüler bis zum Ende der normalen Schulzeit keine weiteren Fortschritte macht, könnte er unter Umständen mit einem Diplom ausgezeichnet werden, durch das er zum Mitglied des «Akademischen Tiefenstudiums» auf Lebenszeit ernannt wird.

So wird er durch die seitliche Arabeske auf seiner Ebene aus der Schule herauskommen. Die Erziehung der Kinder, die weiter nach oben kommen, wird nicht gestört, und die Zeugnisse, die die aufsteigenden Schüler erwerben, werden nicht entwertet.

Diese Technik hat sich bei Individuen, die im Berufsleben stehen, bewährt. Warum sollte man sie nicht auch in großem Maßstab im Bereich des Erziehungswesens erproben? *Peters Linderungsmittel verhindern die geräuschlose Sublimierung.*

## 3. Peters Placebo – eine Unze Einbildung

Hierarchologisch gesehen, bedeutet die Anwendung von Peters Placebo (Peters Austausch) die Anwendung einer neutralen (nicht-eskalierenden) Methode zur Unterdrückung der unangenehmen Folgen, die mit dem Erreichen der Unfähigkeitsstufe verbunden sind.

Ich möchte nochmals auf den Fall von Mrs. Vender zurückkommen, den ich in Kapitel 13 erwähnt habe. Sie hatte ihre Stufe der Unfähigkeit erreicht und verbrachte die Zeit nicht damit, Mathematik zu unterrichten, sondern damit, sich über die Bedeutung der Mathematik zu verbreiten.

Mrs. Vender *ersetzte Leistung durch Einbildung*. Peters Placebo: Eine Unze Einbildung ist soviel wert wie ein Pfund Leistung.

Nun wollen wir sehen, wie dieser Austausch in großem Maßstab angewendet werden kann. Unfähige Arbeitskräfte sollten wohltönende Reden über *die Würde der Arbeit* halten, anstatt einer Beförderung nachzulaufen. Unfähige Lehrer sollten alle pädagogischen Bemühungen aufgeben und statt dessen ihre Zeit dafür verwenden, sich über die *Bedeutung der Erziehungsarbeit* auszulassen. Unfähige Maler sollten *die Bewunderung für die Kunst* fördern. Unfähige Raumfahrer könnten *Zukunftsromane schreiben*. Sexuell unfähige Leute könnten *Liebesgedichte verfassen*.

Diejenigen, die Peters Placebo befolgen, würden zwar wenig sinnvolle Arbeit leisten, aber wenigstens *keinen Schaden anrichten*. Sie würden auch die Tätigkeit kompetenter Angehöriger der verschiedensten Berufsgruppen und Arbeitsbereiche nicht stören. *Peters Placebo verhindert die berufliche Lähmung.*

## 4. Peters Rezept – ein Pfund Heilung

Welche Folgen hätte es für die Menschheit, wenn Peters Rezepte angewendet würden?

Peters Vorbeugungsmaßnahmen würden Millionen Menschen davor bewahren, jemals ihre Stufe der Unfähigkeit zu erreichen. Konsequenterweise würden diese Millionen Menschen, die unter dem gegenwärtigen System frustriert und unproduktiv sind, während ihres ganzen Lebens glückliche und nützliche Mitglieder der menschlichen Gesellschaft bleiben.

Peters Linderungsmittel und Peters Placebo würden sicherstellen, daß diejenigen, die ihre Stufe der Unfähigkeit erreicht haben, mit harmlosen Aufgaben weiterbeschäftigt werden und dabei glücklich und gesund bleiben. Dadurch würden Millionen Menschen, die heute damit beschäftigt sind, sich um die Gesundheit dieser Leute zu kümmern und den von ihnen angerichteten Schaden zu beheben, für eine produktive Arbeit freigesetzt.

Und das Ergebnis? Eine gewaltige Reserve an Arbeitskraft, an schöpferischer Phantasie und an Enthusiasmus würde für konstruktive Tätigkeiten freigesetzt.

Wir könnten beispielsweise sichere, bequeme und leistungsfähige Schnellverkehrssysteme für unsere Großstädte entwickeln. (Sie würden weniger kosten als Mondfähren und mehr Leuten nützen.)

Wir könnten neue Generatoren bauen, die durch rauchlose Müllverbrennungsanlagen angetrieben werden und die Luft nicht verunreinigen. Auf diese Weise würden wir der menschlichen Gesundheit dienen, die Landschaft verschönern und gleichzeitig dafür sorgen, daß diese Schönheit nicht unter einer Dunstglocke verborgen bleibt.

Wir könnten die Qualität und Sicherheit unserer Autos erhöhen, unsere Autobahnen, Landstraßen und die städtischen Verkehrswege besser in die Landschaft einfügen und so etwas von der früheren Sicherheit und dem Vergnügen einer Reise über Land zurückgewinnen.

Wir könnten wieder lernen, den Acker mit organischen Stoffen zu düngen, die den Boden bereichern, ohne ihn zu vergiften.

Viel Abfall, der heute vernichtet wird, könnte geborgen und in neue Produkte verwandelt werden. Dafür könnte man sich Sammelsysteme ausdenken, die ebenso vielgestaltig sind wie unsere gegenwärtigen Verteilersysteme.

Andererseits könnte nicht mehr verwertbarer Abfall dazu verwandt werden, stillgelegte Kohlengruben, die im Tagebau betrieben worden waren, zuzuschütten und damit nutzbares Land zurückzugewinnen.

*Sie können sich das Ergebnis selber ausmalen*

Der zur Verfügung stehende Platz erlaubt leider keine weiteren Ausführungen. Als aufmerksamer Leser werden Sie die Anwendungsmöglichkeiten von Peters Rezepten* auf Ihr eigenes Leben und Ihre eigene Arbeit sowie auf das Leben und die Arbeit in Ihrer Stadt, Ihrem Land und auf Ihrem Planeten erkennen.

Sie werden mir zustimmen, daß der Mensch seine höchste Erfüllung nicht dadurch finden kann, daß er Quantität der Quantität wegen erstrebt. Er kann sie nur dadurch finden, daß er die *Qualität* des Lebens erhöht. Mit anderen Worten: Er muß die Lebensunfähigkeit vermeiden.

*Peters Rezept ermöglicht die Steigerung der Qualität des Lebens an Stelle eines gedankenlosen Aufstiegs ins Nichts.*

## Hierarchologie als aufsteigende Wissenschaft

Ich habe genug gesagt, um zu beweisen, daß Ihr persönliches Glück, Ihre Gesundheit und Ihre Freude am Beruf vom Verständnis des Peter-Prinzips ebenso abhängen wie die Zukunft der Menschheit. Um die menschlichen Probleme zu lösen, müssen Sie die Erkenntnisse der Hierarchologie und Peters Rezepte beherzigen.

Ich habe dieses Buch geschrieben, damit Sie das Peter-Prinzip begreifen und anwenden lernen. Es liegt an Ihnen, ob Sie es akzeptieren und sich zunutze machen. Andere Bücher werden ohne Zweifel folgen. In der Zwi-

* Ich selber habe es bereits auf die Erziehungswissenschaft angewandt (vgl. ‹*Prescriptive Teaching*› von Laurence J. Peter. New York 1965).

schenzeit wollen wir hoffen, daß sich irgendwo ein Philanthrop findet, der an einer der großen Universitäten einen Lehrstuhl für Hierarchologie stiftet. Ich bin bereit und willens, diesen Posten zu übernehmen. Daß ich dazu fähig bin, habe ich wohl durch meine hier vorgelegten Bemühungen bewiesen.

# Erklärendes Wörterverzeichnis

*Ablenkungs-Therapie:* Behandlung zur Linderung des Endplazierungs-Syndroms (Kap. 11).
*Abschieben, nach unten, nach oben, seitlich:* Techniken zur Abwälzung von Verantwortung (Kap. 12).
*Alger-Komplex:* Moralischer Wahn, der die Auswirkung des Ehrgeizes auf die Beförderung betrifft (Kap. 5).
*Allzweck-Konversation:* Vorrat inhaltloser Phrasen (Kap. 12).
*Alternativen studieren:* Eine Technik der Ersatzhandlungen (Kap. 13).
*Änderungszwang:* Technik zur Verwirrung Untergebener (Kap. 12).
*Angekommen:* Endplazierung erreicht (Kap. 3).
*Ausnahmen:* Es gibt keine Ausnahmen vom Peter-Prinzip.
*Bau-Komplex:* Auf Gebäude bezogener Komplex (Kap. 12).
*Beförderung:* Aufstieg von einer Stufe der Kompetenz.
*Beförderungs-Quotient:* Numerischer Ausdruck der Aufstiegschancen (Kap. 12).
*Beruflicher Automatismus:* Zwanghaftes Interesse am Ritual unter Vernachlässigung der Ergebnisse (Kap. 3).
*Cachinatoria Inertia:* Witze erzählen, statt zu arbeiten (Kap. 12).
*Caesarianische Schlußfolgerung:* Irrationelles Vorurteil gegen bestimmte körperliche Merkmale (Kap. 12).
*Codophilie, initial und digital:* Statt Wörter Zahlen und Buchstaben zu benutzen (Kap. 12).
*Computerisierte Inkompetenz:* Inkompetente Anwendung von Computer-Techniken durch das Bedienungspersonal oder die technisch bedingte Unfähigkeit eines Computers (Kap. 15).
*Demut:* Eine Technik schöpferischer Unfähigkeit (Kap. 11).
*Dienstalter-Faktor:* Nach unten gerichteter Druck, der den Aufstieg fähiger Mitarbeiter bremst (Kap. 5).
*Eignungstest:* Verbreitetes Mittel zur Beschleunigung der Endplazierung (Kap. 9).
*Einmal-Aufhören:* Der ängstliche Verzicht auf Eins-Hochkommen (Kap. 8).
*Eins nach dem andern:* Eine Ersatzhandlungs-Technik (Kap. 13).
*Einstein, Albert:* Mathematiker und richtungweisend in der Herrenmode (Kap. 9).
*Endplazierungs-Syndrom:* Das Krankheitsbild bei denjenigen, die ihre Stufe der Unfähigkeit erreicht haben.
*Ersatzhandlung:* Lebensrettende Technik für Arbeitskräfte auf Peters Plateau (Kap. 13).
*Expertentenrat einholen:* Eine Ersatzhandlungs-Technik (Kap. 13).
*Fonds:* Werden von Professor Peter benötigt (Kap. 7).
*Frei schwebender Gipfel:* Ein Abteilungsleiter ohne Untergebene (Kap. 3).
*Führungsqualität:* Disqualifiziert für eine Beförderung (Kap. 6).
*Gargantuan monumentalis:* Gigantisches Friedhofs-, großes Mausoleums- oder

riesiges Grabmals-Syndrom (Kap. 12).

*Gefühlsbeladene Begriffe:* Ungebräuchlich in der Hierarchologie (Kap. 9).

*Geheimhaltung:* Seele des Ehrgeizes (Kap. 5).

*Geräuschlose Sublimierung:* Die Treppe hinauffallen, eine Pseudo-Beförderung (Kap. 3).

*Gipfel-Fähigkeit:* Eine seltene Erscheinung (Kap. 9).

*Gleichmacherei:* Ein soziales System, das die freieste und schnellste Entfaltung des Peter-Prinzips ermöglicht (Kap. 7).

*Gönner:* Jemand, der den Aufstieg von Angestellten beschleunigt, die unter ihm in der Hierarchie stehen (Kap. 4).

*Günstling:* Ein Angestellter, der Protektion genießt.

*Gute-alte-Zeit-Komplex:* Sentimentale Verachtung der gegenwärtigen Verhältnisse und Glorifizierung der Vergangenheit; Zeichen der Endplazierung (Kap. 12).

*Guter Untergebener:* Angeblich auch guter Vorgesetzter – ein Irrtum (Kap. 6).

*Heep-Syndrom:* Symptom-Gruppe, die anzeigt, daß der Patient von seiner eigenen Wertlosigkeit überzeugt ist. Beobachtet von D. Copperfield, überliefert von Charles Dickens (Kap. 9).

*Heilige:* Gute Menschen, aber inkompetente Widersacher (Kap. 8).

*Hierarchie:* Organisation, deren Mitglieder oder Angestellte nach Rang, Grad oder Klasse geordnet sind.

*Hierarchie, cheopistische oder feudale:* Eine Pyramiden-Struktur mit vielen Angestellten niederen und wenigen hohen Ranges (Kap. 8).

*Hierarchische Regression:* Die Folge davon, daß Unfähige zusammen mit Fähigen durchgeschleppt werden (Kap. 15).

*Hierarchischer Ausschluß:* Beseitigung super-fähiger und super-unfähiger Mitarbeiter (Kap. 3).

*Hierarchologie:* Eine Sozialwissenschaft, das Studium der Hierarchien, ihrer Struktur und Arbeitsweise, die Grundlage aller Sozialwissenschaften.

*Hulls Theorem:* «Die vereinte Förderung durch mehrere Gönner entspricht der Summe ihrer jeweiligen Bemühungen, multipliziert mit der Zahl der Gönner» (Kap. 4).

*Hypercaninophobia-Komplex:* Angst, die bei Vorgesetzten dadurch hervorgerufen wird, daß ein Untergebener große Führungsfähigkeiten zeigt (Kap. 6).

*In Frage kommen:* Jeder, der seine Pflichten kompetent erfüllt, kommt für eine Beförderung in Frage.

*Inkompetenz:* s. Unfähigkeit.

*Input:* Tätigkeiten, die dazu bestimmt sind, die Regeln, Rituale und Formulare einer Hierarchie auszufüllen (Kap. 3).

*John Q.-Ablenkungsmanöver:* Übermäßiges Vertrauen in die öffentliche Meinung (Kap. 12).

*Köche:* Hersteller von Brei, manche von ihnen sind unfähig (Kap. 8).

*Kompetenz:* Fähigkeit eines Beschäftigten, seine Aufgaben innerhalb der Hierarchie zu erfüllen – beurteilt aus dem Blickwinkel seiner Vorgesetzten (Kap. 3).

*Konvergente Spezialisierung:* Eine Ersatzhandlungstechnik (Kap. 13).

*Koordinator:* Arbeitnehmer mit der Aufgabe, Fähigkeit aus Unfähigen herauszuholen (Kap. 9).

*Lebensunfähigkeits-Syndrom:* Ursache für Frustration (Kap. 8).

*Mediziner:* Eine Gruppe, die gegenüber der Hierarchologie Gleichgültigkeit und

Feindseligkeit zeigt.

*Nebensächlichkeiten-Spezialisierung:* Eine Ersatzhandlungs-Technik (Kap. 13).

*Oberstes Gebot:* Die Hierarchie muß erhalten bleiben (Kap. 3).

*Ordnung – «des Himmels oberstes Gesetz»:* Die Grundlage des hierarchischen Instinkts (Kap. 8).

*Ordnungswahn:* Zwang, alle Papiere zu ordnen (Kap. 12).

*Output:* Leistung nützlicher Arbeit (Kap. 3).

*Papyromanie:* Zwanghaftes Anhäufen von Papier (Kap. 12).

*Papyrophobie:* Abnormes Verlangen nach einem aufgeräumten Schreibtisch (Kap. 12).

*Partei:* Hierarchische Organisation zur Auswahl von Kandidaten für politische Ämter (Kap. 7)

*Peter-Invertierter:* Jemand, für den die Mittel bereits zum Zweck geworden sind (Kap. 3).

*Peter-Prinzip:* In einer Hierarchie neigt jeder Mitarbeiter dazu, bis zu seiner Stufe der Unfähigkeit aufzusteigen.

*Peters Abwehr:* Ablehnung einer angebotenen Beförderung (nicht empfehlenswert) (Kap. 14).

*Peters Brücke:* Ein wichtiger Test – können Sie Ihrem Gönner ein Motiv geben? (Kap. 4).

*Peters Circumbendibus:* Verschleierte oder versteckte Umgehung (s. Peters Umgehung).

*Peters Folgerung:* Es besteht die Tendenz, daß nach einer gewissen Zeit jeder Posten in einer Hierarchie von einem Mitarbeiter eingenommen wird, der unfähig ist, seine Aufgabe zu erfüllen.

*Peters Heilmittel:* Mittel zur Verhinderung totaler Lebensunfähigkeit (Kap. 15).

*Peters Inversion:* Innerer Zusammenhalt wird höher bewertet als der Nutzeffekt (Kap. 3).

*Peters kleiner Engpaß:* Wenn der Weg nach oben durch einen Super-Bremser gesperrt wird (Kap. 4).

*Peters Linderungsmittel:* Verschaffen Erleichterung bei Unfähigkeits-Symptomen (Kap. 15).

*Peters Nuance:* Der Unterschied zwischen Pseudo-Erfolg und Endplazierungs-Syndrom (Kap. 5).

*Peters Paradox:* Angestellte in einer Hierarchie haben im Grunde nichts gegen die Unfähigkeit bei ihren Kollegen.

*Peters Placebo:* Eine Unze Einbildung ist soviel wert wie ein Pfund Leistung (Kap. 13).

*Peters Plateau:* Die Stufe der Unfähigkeit.

*Peters Prognose:* Verwende genügend Zeit auf das Studium eines Problems, und das Problem wird verschwinden (Kap. 13).

*Peters Prophylaxe:* Eine Unze Vorbeugung (Kap. 15).

*Peters Rezepte:* Kuren für Individuen oder die Gesellschaft gegen die Übel der Welt (Kap. 15).

*Peters Spirale:* Der wenig progressive Kurs, dem Organisationen folgen, bei denen Unfähigkeit auf hoher Ebene vorliegt (Kap. 10).

*Peters Umgehung:* Umgehung eines Super-Bremsers (Kap. 4).

*Peters Umkehrung:* s. Peters Inversion.

*Petersche Interpretation:* Anwendung der hierarchologischen Wissenschaft auf die Tatsachen und Fiktionen der Weltgeschichte (Kap. 15).

*Phonophilie:* Abnormes Verlangen, Tonbandgeräte und Fernsprecheinrichtungen um sich zu haben und zu benutzen (Kap. 12).

*Protegé:* s. Günstling.

*Protektion:* Beziehung eines Beschäftigten – durch Blutsbande, Heirat oder Bekanntschaft – zu einer Person, die in der Hierarchie über ihm steht (Kap. 4).

*Proto-Hierarchologen:* Autoren, die zur Hierarchologie beigetragen haben könnten (Kap. 8).

*Pseudo-Erfolgs-Syndrom:* Komplex körperlicher Beschwerden, die übertriebenem Ehrgeiz entspringen (Kap. 5).

*Reife-Quotient:* Maß für die Ineffektivität einer Hierarchie (Kap. 7).

*Rigor cartis:* Abnormes Interesse an Graphiken, verbunden mit schwindendem Interesse für das, was in den Graphiken dargestellt ist (Kap. 12).

*Schau ersetzt Leistung:* Eine Ersatzhandlungs-Technik (Kap. 13).

*Schöpferische Unfähigkeit:* Vorgetäuschte Unfähigkeit, die das Angebot einer unerwünschten Beförderung verhindert (Kap. 14).

*Seitliche Arabeske:* Scheinbeförderung, die in einem neuen Titel und einem neuen Arbeitsplatz besteht (Kap. 3).

*Sokrates-Komplex:* Form schöpferischer Unfähigkeit (Kap. 8).

*Sprichwörter:* Oft Niederschlag hierarchologischer Irrtümer (Kap. 8).

*Stufe der Fähigkeit:* Stellung innerhalb einer Hierarchie, in der ein Beschäftigter mehr oder weniger das tut, was man von ihm erwartet.

*Stufe der Unfähigkeit:* Position innerhalb einer Hierarchie, in der ein Beschäftigter unfähig ist, das zu leisten, was man von ihm erwartet.

*Super-Bremser:* Person über Ihnen, die ihre Stufe der Unfähigkeit erreicht hat und Ihren Aufstieg blockiert (Kap. 4).

*Super-Fähigkeit:* Seine Arbeit zu gut tun – eine gefährliche Eigenschaft (Kap. 3).

*Super-Unfähigkeit:* Weder *output* noch *input* – ein Entlassungsgrund (Kap. 3).

*Tabula-Gigantismus:* Zwanghaftes Streben nach dem größten Schreibtisch (Kap. 12).

*Tabulophobia privata:* Unfähigkeit, das Vorhandensein von Schreibtischen zu ertragen (Kap. 12).

*Tabulogie, abnorme:* Studium ausgefallener Anordnungen von Schreibtischen etc. (Kap. 12).

*Totes Holz:* Ansammlung von Beschäftigten auf jeder Stufe einer Hierarchie, die ihre Stufe der Unfähigkeit erreicht haben.

*Überforderung:* Zustand, der manchmal von unteren Angestellten, häufiger vom Management empfunden wird (Kap. 9).

*Unfähigkeit:* Eine Null-Quantität. Unfähigkeit plus Unfähigkeit gleich Unfähigkeit (Kap. 10).

*Universal-Hierarchologie:* Unerschlossenes Feld der Wissenschaft (Kap. 7).

*Uriah Heep-Syndrom:* s. Heep-Syndrom.

*Vergleichende Hierarchologie:* Eine unvollendete Studie (Kap. 7).

*Völlige Irrelevanz:* Eine Ersatzhandlungs-Technik, die vor allem auf den höheren Ebenen des Geschäftslebens angewandt wird (Kap. 13).

*Vorübergehende Erleichterung:* Ergebnis ärztlicher Behandlung des Endplazierungs-Syndroms (Kap. 11).

*Wanken-und-Wackeln-Syndrom:* Unfähigkeit, Entscheidungen zu treffen (Kap. 12).

*Zufalls-Plazierung:* Verzögerungsmoment beim Erreichen der Unfähigkeitsstufe (Kap. 9).

*Zwanghafte Unfähigkeit:* Zustand, der bei Gipfel-Fähigen zu beobachten ist (vgl. Gipfel-Fähigkeit).

*Zwischenzeitliche Verwaltung:* Eine Ersatzhandlungs-Technik (Kap. 9).

741/6